江苏省社会科学基金项目研究成果(20EYBO11)，《"十四五"江苏省重点学科－南京审计大学公共管理》资助

九州文库

中央部门预算调整及其问责路径研究

冯素坤 著

九州出版社
JIUZHOUPRESS

图书在版编目（CIP）数据

中央部门预算调整及其问责路径研究／冯素坤著
. --北京：九州出版社，2023.3
ISBN 978-7-5225-1755-1

I. ①中… II. ①冯… III. ①国家预算-预算编制-
研究-中国 IV. ①F812.3

中国版本图书馆 CIP 数据核字（2023）第 060986 号

中央部门预算调整及其问责路径研究

作　　者　冯素坤　著
责任编辑　沧　桑
出版发行　九州出版社
地　　址　北京市西城区阜外大街甲 35 号（100037）
发行电话　(010) 68992190/3/5/6
网　　址　www.jiuzhoupress.com
印　　刷　唐山才智印刷有限公司
开　　本　710 毫米×1000 毫米　16 开
印　　张　10.75
字　　数　180 千字
版　　次　2023 年 3 月第 1 版
印　　次　2023 年 3 月第 1 次印刷
书　　号　ISBN 978-7-5225-1755-1
定　　价　85.00 元

目　录

绪　论

一、研究缘起

建立一个对人民负责的政府是现代国家治理的核心问题。实现这一目标，需要解决两个最基本的问题：谁来使用权力？如何使用权力？选举制度是解决前一问题相对较好的制度，而预算制度是解决第二个问题最好的制度。① 假设各国最初都是从既无现代选举制度也无现代预算制度的条件下开始国家建设的话，那么，从理论上来看，至少存在三条实现政治问责的道路。② 第一条道路：一个国家在一个大致相同的时间内建立现代选举制度与预算制度，并不断完善它们；第二条道路：一个国家先建立现代选举制度并不断完善之，若干年后才启动预算改革，建立现代预算制度；第三条道路：一个国家在现代选举制度建立之前，先建立现代预算制度。③ 第一条道路是实现政治问责的最佳道路，欧洲走了这一条道路；美国走了第二条道路，马骏教授认为中国正在探索第三条道路，前两条道路获得了成功，但两条道路都有一定的局限性，第三条道路能否成功还有待时间的检验。④ 建立现代预算制度实现财政问责解决"如何使用权力？"的问题成为中国建立一个对人民负责的政府的首要任务。

公共预算必须履行相应的受托责任，这通常称为财政问责（financial

---

① 马骏. 实现政治问责的三条道路 [J]. 中国社会科学，2010 (5)：103—120.
② 马骏. 实现政治问责的三条道路 [J]. 中国社会科学，2010 (5)：103—120.
③ 马骏. 实现政治问责的三条道路 [J]. 中国社会科学，2010 (5)：103—120.
④ 马骏. 实现政治问责的三条道路 [J]. 中国社会科学，2010 (5)：103—120.

accountability）。在预算过程中，公共管理者或者民选代表负责公共预算资金的分配和使用，而公民或纳税人才是公共预算资金的真正供给者，公共管理者或民选代表受纳税人或公民的委托管理公共预算资金并为他们提供公共产品，那么公共管理者就必须对公民或纳税人负责，公共管理者或者民选代表就应该接受纳税人或公民的监督，民选代表还要代表公民监督公共管理者的预算行为。当我们说起某人（或某个组织）是有责任的，我们至少应该说明他（它）对谁负责。预算作为决策过程和描述决策的文本，说明了哪些官员分配资源、以什么方式分配和分配给具体的个人、社会团体的数额，预算还为公共管理者问责提供了可资查证的数据。从某个角度看，政府预算报告和预算过程可以看成是实现问责最重要的工具。①

尽管对财政问责的探索早已有之，但是直到现代公共预算建立之后，财政体系才变成一个能够有效地约束权力使用、促进财政问责的制度。②现代预算制度在政府内部建立起集中、统一的预算控制，将所有的财政资金都纳入统一的预算控制程序之中，编制一个能够详细、准确地反映政府及其各个部门全部活动的政府预算，并将其提交给立法机构进行审查、批准，由立法机构从外部监督政府的财政收支活动。随着现代预算的建立，政府就变成了一个看得见的政府、一个有可能被监督的政府。政治学家威劳比（W. F. Willoughby）认为，如果政府预算编制得很好并且是向社会公开的，那么它就能发挥"告知过去的运作、目前的条件和将来的提议，明确地确定责任并方便于控制的作用"③。预算将迫使行政官员在公众及其代表们面前陈述他们开展的活动以及开展这些活动的理

---

① Jonathan B. *Justice. Budgets and accountability* [M]. // Jack Rabin. Eds. Encyclopedia of Public Administration and Public Policy . New York: Marcel Dekker, Inc, 2003: 117—121.

② Premchand, A. 1999. Public financial accountability [J]. *Asian Review of Public Administration*, 1999, 11 (2): 45—64.

③ W. F. Willoughby. *The Movement for Budgetary Reform in the States* [M]. New York: D. Appleton and Company for the Institute for Government Research, 1918: 1.

由。通过审查政府的预算，公众及其代表们就可以审查政府的活动是否必要、成本是否合理，有权力的机构和部门就能够做出同意或者不同意的决定。这样，预算制度就成为一个非常有效的、对权力的使用进行监督和约束的控制制度，进而就能够成为一个基本而且重要的问责工具。①

预算案一旦通过立法机构的审议便具有法的效力，不可随意调整。严格执行预算是现代公共预算的基本原则，是确保政府履行财政责任的前提条件。如果政府在预算执行中完全不受立法机关审议通过的预算约束，那么政府就可能为所欲为地采取各种不负责任的行动随意支出公共预算资金。无论是实行一年预算还是两年预算的政府预算都为公共支出部门设定了一个标准的时间框架，而且在这个框架内，通过的预算已经确定了一个明确的支出结构和数量。为了确保这个框架的稳定，各国议会和政府都设置各种程序和采用各种策略来保障这一框架免受政治压力和经济不确定性因素的影响。② 然而，预算执行中的预算调整又是不可避免的。预算是基于预测编制的财政收支计划，预算环境是变幻不定的。在预算编制阶段，决策者很难事先预测到未来那些可能影响预算执行的所有事件。一般来说，预算环境的变化包括自然环境与经济形势的变化、政治上的冲突持续延伸到预算执行过程、领导层出现变动、公众关注的焦点出现变化等。一旦这些变化出现，就可能需要对预算进行改善和调整。正如鲁宾（Irene S. Rubin）指出的"在预算年度内对预算所做的某种程度的变通和改变，可能是必要的和符合需要的"③。

政府预算编制得很好并且向社会公开了，但是预算执行中公共管理者为了应对复杂多变的政治经济和社会环境甚至为了部门利益或者个人私利对年初预算进行调整，如果预算调整方案编制得不够好，没有向社

---

① Frederick A. Cleveland. Evolution of Budget Idea in the United States [J]. *Annals of the American Academy of Political and Social Science*, 1915, 62 (11): 15—35.

② Forrester, John P and Daniel R. Mullins. Rebudgeting: The Serial Nature of Municipal Budgetary Processes [J]. *Public Administration Review*, 1992, 52 (5): 467—473.

③ [美] 鲁宾. 公共预算中的政治：收入与支出，借贷与平衡 [M]. 叶娟丽，马骏等译. 北京：人民大学出版社，2001：248—250.

会公开，那么财政问责也无法完全实现。由此可见，威劳比（W. F. Willoughby）所说"政府预算编制得很好并且是向社会公开的"① 仅仅是实现财政问责的必要条件。真正实现财政问责需要满足另外两个条件：（1）预算执行中预算调整方案设计的很好；（2）预算调整方案向社会是公开的。预算编制是公共预算资金的初次分配过程，它直接决定了公共预算资金的配置效率和能否实现财政问责，但是如果预算执行中对年初预算进行了调整，那么预算调整也将成为影响财政问责的关键因素。

预算调整对财政问责具有重要的意义，但是学界对预算调整的研究却非常有限。1979 年，阿布吐哈（A. M. Abu Tuha）以佐治亚州为例对预算执行中的行政自由裁量权进行了研究。几年后，彼茨瓦达（Pitsvada B. T.）以"联邦预算执行的灵活性"为题研究了联邦预算执行，并呼吁更多的学者研究预算执行，他指出几十年来，预算执行一直是预算研究中最受冷落的一个领域。② 麦克费雷和穆迪（McCaffery Jerry & John E. Mutty）指出，20 世纪 90 年代，尽管在实践中管理者越来越关注预算执行问题，学术界仍然主要研究预算政策的制定。③ 黑克巴特和兰姆塞（Hackbart, Merl & James Ramsey）也作出了同样的批评，并呼吁重视预算执行中存在的决策问题。④ 目前，主流的预算理论都主要关注预算决策的制定，而不是预算执行。⑤ 然而直到今天，预算制定过程的研究已经比

① W. F. Willoughby. *The Movement for Budgetary Reform in the States* ［M］. New Yo rk：D. Appleton and Company for the Institute for Government Research，1918：1.

② Pitsvada B. T. Flexibility in Federal Budget Execution ［J］. *Public Budgeting &Finance*，1983，3 n（2）：83—101.

③ McCaffery，Jerry & John E. Mutty. The hidden process of budgeting：Execution ［J］. *Journal of Public Budgeting，Accounting & Financial Managemet*，1999，11（2）：233—257.

④ Hackbart，Merl & James Ramsey. Managing public resources：Budget execution ［J］. *Journal of Public Budgeting，Accounting，& Financial Management*，1999，11（2）：258—275.

⑤ Hackbart，Merl & James Ramsey. Managing public resources：Budget execution ［J］. *Journal of Public Budgeting，Accounting，& Financial Management*，1999，11（2）：258—275.

较成熟（例如 Wildavasky，1988，2000；Rubin，1991，2005），但与其相比，预算执行的研究还远远不够，只是作为预算过程研究的一部分有所涉及。这或许是因为，预算执行是一个多样而且复杂的领域，涉及非常复杂的细节，预算执行的调查和数据的获得也更为困难，因此很多研究者知难而退了。也或许是由于很多学者认为："在预算审议阶段之后，其余的预算周期是一个常规性的行为过程。"[①] 在众多研究者眼中预算制定是对公共资源的分配，预算执行只不过是"照章行事"，没有什么吸引力，所以他们不屑问津。致力于预算执行的研究者已经是屈指可数，由于预算执行中的预算调整其过程更为隐蔽，关注者更是寥寥无几。可能是由于获取最高层级政府的预算调整数据更为困难的缘故，在现有的研究预算调整的文献中大多是关于州和地方政府层面的预算调整研究，联邦政府或者说最高层级政府的预算调整比较有限。

与国外预算调整研究备受冷落的命运相差无几，中国的预算调整研究也不受青睐。国内的预算调整研究成果数量不多，并且研究质量仍停留在初级阶段。学术界（如刘明慧、马蔡琛等）更多的是针对预算调整概念和预算调整方式的探讨，来自实践部门（如李诚、闫绿松等）的研究更多的是提出预算调整中存在的问题或者是对策。与国外预算调整研究缺乏批判性研究不同的是，国内预算调整研究是从批判《预算法》关于预算调整的界定开始的。国内预算调整文献研究方法不严谨，很多是根据主观的判断提出问题，分析原因，缺乏数据支持和严密的推理过程，提出的对策也没有区分政府层级、区域和部门性质，只是在一般层面上泛泛而论。还有一些关于地方政府的个案性研究，如重庆市、温岭市，仅仅描述一些短期现象，缺乏规范的理论框架和纵向比较研究，不具有普遍意义。现有的预算调整研究没有针对中央政府或中央部门的专门研究。可见，不论在国内还是国外高层政府或部门的预算调整研究都是这

---

① McCaffery, Jerry & John E. Mutty. The hidden process of budgeting: Execution [J]. *Journal of Public Budgeting，Accounting & Financial Managemet*，1999，11（2）：233—257.

个领域中的"洼地"。

与预算调整研究领域的"冷清"局面相比,预算执行中的预算调整却频繁发生。预算执行会受到经济减退的影响,经济减退会导致预算收入减少或失业和贫困人口的增加所导致的支出项目的增多。① 无论是追加拨款还是取消支出,都是在预算年度中对预算的修正(预算调整)。它们经常用来对预算年度中发生的无法预料的事件做出反应。② 其中"支出项目增多"和"对预算的修正"都是对预算调整的描述。克拉斯(KennethA. Klase)的研究证明,在美国中小城市的预算调整特别是在部门层面的预算调整不是相当微小的调整,也不是年初预算过程的延续,而是预算过程中非常重要的一部分。实际上预算执行中预算调整大量发生,调整的幅度也很大,它们从本质上导致了年初财政部门拨款或者功能类别支出重要性的重新排序。③ 尽管在正式执行预算执行时小心从事,某些不属于预算执行中常规性或较小变动的偏差仍然时常发生。这种偏差大概有两种:一是违反财政控制,导致超支或浪费、欺诈和滥用职权;二是某些预算执行者违反政策控制,在没有通过全部正式的公共事务法律程序的情况下对预算案做出政策性改变。④ 如此看来,即使在预算制度发达的美国预算调整也经常发生,并且由预算调整导致的浪费和欺诈也不可避免。

中国正处于社会转型期,预算制度也处于"前预算时代"向"预算时代"的过渡时期,政府预算执行中的预算调整更是频繁无序。各级地方政府在财政预算执行中大量调整年初预算现象较为普遍,年初预算与

---

① [美] 鲁宾. 公共预算中的政治:收入与支出,借贷与平衡 [M]. 叶娟丽,马骏等译. 北京:人民大学出版社,2001:251.

② [美] 鲁宾. 公共预算中的政治:收入与支出,借贷与平衡 [M]. 叶娟丽,马骏等译. 北京:人民大学出版社,2001:257.

③ KennethA. Klase, Michael John Dougherty, and Soo Geun Song. Exploring Within-Year Budget Adjustments in Small to Medium-Sized Cities in West Virginia [J]. *Public Budgeting, Accounting and Financial Management*, 2001, 13 (2):245—279.

④ [美] 鲁宾. 公共预算中的政治:收入与支出,借贷与平衡 [M]. 叶娟丽,马骏等译. 北京:人民大学出版社,2001:257.

年终调整预算相比往往已是面目全非。① 例如，某省 2006 年"基本建设支出"科目年初预算数为 42 亿元，年终预算调整数为 125 亿元，年初预算仅占调整预算的 33.62%。② 2006 年，财政部在年度预算执行中追加部门预算 816.5 亿元，占年初批复部门预算的 12%。而且在批复的部门年初预算中，部分资金未细化到具体单位和项目。抽查 9 个部门 2006 年预算有 96.85 亿元未细化，占这些部门财政拨款项目支出预算的 35%。③ 南水北调办、海关总署等 33 个部门挤占挪用财政资金和其他专项资金等 8.59 亿元。具体是：用于购建办公楼、对外投资等 5.6 亿元、弥补本单位日常开支、发放津贴补贴等 2.09 亿元，超拨款范围、超预算级次或超标准拨付款项 8994.84 万元。④ 预算调整的频繁无序造成了公共资源的巨大浪费，严重背离了财政问责的轨道。

可见，预算调整对财政问责具有重要的意义，但是国内外关于预算调整的研究却非常有限，关于中央层面的预算调整研究更是处于"极端贫困"状况。但是实践中预算调整却时常发生，违反了财经纪律，辜负了民众赋予的"受托责任"。中国各个政府层级的预算调整都比较混乱和无序，中央政府掌握着最核心的公共财政资源，并且中央层级的预算调整会直接导致地方政府大规模的预算调整，因此，只有研究中央层面的预算调整才能"追根溯源"。笔者认为中国预算调整混乱的现状并不仅需要提升预算技术手段而且需要一系列的制度设计和行政体制的变革，这些都不是一个或几个地方政府可以做到的，这样的改革必须是"自上而下"，只有这样才能从根本上解决问题，达到"釜底抽薪"的目的。因此，笔者拟以"中央部门预算调整及其问责路径"为题撰写一篇规范研

---

① 范自力.地方政府大量调整年初预算行为亟待规范 [J].人大建设，2009（1）：51.

② 范自力.地方政府大量调整年初预算行为亟待规范 [J].人大建设，2009（1）：51.

③ 李金华.关于 2006 年度中央预算执行和其他财政收支的审计工作报告 [R].2006.6.27.

④ 李金华.关于 2006 年度中央预算执行和其他财政收支的审计工作报告 [R].2006.6.27.

究和实证研究相结合的文章，在梳理预算调整基本框架的基础上通过实证数据的分析发现中央部门预算调整存在的问题，并为中央部门预算调整设计应然发展路径，通过预算调整问责来保障预算调整目标的实现。

二、研究价值

预算调整对于实现财政责任具有重要的意义，预算调整研究特别是中央层面预算调整研究缺乏，实践中预算调整频发，甚至产生浪费和欺诈，辜负民众赋予的"受托责任"，在此背景下研究预算调整具有重要的理论价值和现实意义。

（一）理论价值

理论研究一直是国内外预算调整研究的薄弱环节，本书构建预算调整一般框架和中央部门预算调整分析框架，可以为以后的预算调整研究奠定理论基础。国外的预算调整研究大多是个案研究，国内的预算调整研究大多是根据主观判断的现实批判研究。理论研究终究是为现实服务的，"经济学的美妙在于它的理论，而经济学的力量则在于它对现实问题的应用"[①]，其实埃思里奇道出了所有社会科学研究的真谛。预算调整理论框架为以后的预算调整研究提供了一个分析框架，更重要的是它由于将特殊性研究转化为一般性研究，提高了其社会应用的价值和范围。

预算调整规范研究的"贫困"导致预算调整研究和实践的迷失，预算调整基本框架的建立解决了预算调整"应该怎么样"这个价值层面的问题。为预算调整理论和实践的发展指明了方向。

---

① ［美］唐·埃思里奇. 应用经济学研究方法论 ［M］. 北京：经济科学出版社，1998：12.

（二）实践价值

立法机关审议通过的预算具有法律效力，不得随意调整，为了适应变幻不定的社会政治环境。同时预算调整又是必要的，然而频繁无序的预算调整又会降低公共财政资源使用效率，造成资源的浪费甚至由此滋生腐败行为。

中央政府及部门是中国各级政府及部门的核心，掌握着最核心的公共财政资源，其预算调整行为的影响力也最大。在中国，地方政府是中央政府的代理机关，在地方代行中央政府的职责，因此中央政府的政策、预算安排和预算调整直接对地方政府的政策、预算安排和预算调整产生影响。中央政府预算调整有时会引起大范围、大规模甚至是全国性的预算调整，如由中央代发地方公债引起的全国地方政府的预算调整。中央政府预算调整对预算总额、资源配置效率和管理效率的影响要远远大于地方政府。中央政府作为地方政府的上级机关，其行为具有一定的标杆和模范作用，中央政府频繁无序的预算调整会导致地方政府更为混乱的预算调整状况。

要优化预算调整行为实现预算调整问责必须进行自上而下的改革。预算调整混乱的原因涉及《预算法》关于预算调整的界定、预算管理权的分配、预算调整的民主监督、预算执行的审计等问题，这是地方政府改革无法解决的。对于由于中央政府及部门行为引发的地方政府预算调整，地方政府更是束手无策。研究中央部门预算调整探索其实现预算调整问责的路径，施行自上而下的改革，通过全面的预算调整问责机制保障预算调整目标的实现。

三、文献述评

文献述评分别对国内外的文献进行综述和评述：

（一） 国外预算调整文献述评

关于国外文献的分析，笔者主要从研究成果和内容分析两个方面展开：

1. 国外预算调整研究的主要成果

较早的研究主要是从技术的角度关注预算调整，早期研究提及的预算调整方式有保守估计专项资金收入、会计操纵、调剂、重新立项、专项资金滥用等行为。但是缺乏有效的理论来指导预算调整的行为。①

乔治和道格拉斯（Hale, George E., and Scott R. Douglas）在《预算执行中的政治：州和地方政府的财政操纵》一文中指出：拨款法案的颁布不是预算过程的结束，而是一个新的预算过程的开始。也就是说在拨款法案颁布后，预算调整仍会发生。② 他们的研究表明州和地方政府官员使用很多手段来提高预算的灵活性和自由裁量权，毫无疑问存在一些外部控制，但是这些外部控制在各个司法辖区和各个机构之间是不同的，一些强大的行动者试图使自由裁量权最大化。比如一些行政官员总是在没有立法机构和行政机构监督的情况下制定政策，他们有机会使自由裁量权最大化。乔治和道格拉斯认为虽然上面提出的五种预算调整方式并不能涵盖所有情形，然而预算调整方式也不是无穷无尽的，可以确定的是在州和地方政府层面保守估计专项资金收入、会计操作、调剂、重新立项和专项资金滥用是最主要的五种方式。③ 乔治和道格拉斯意识到他们的研究十分有限，需要进一步的研究来探索预算调整的机制、触发因素

---

① Hale, George E., and Scott R. Douglas. The Politics of Budget Execution: Financial Manipulation in State and Local Government [J]. *Administration and Society*, 1977, 9 (3): 367—378.

② Hale, George E., and Scott R. Douglas. The Politics of Budget Execution: Financial Manipulation in State and Local Government [J]. *Administration and Society*, 1977, 9 (3): 367—378.

③ Hale, George E., and Scott R. Douglas. The Politics of Budget Execution: Financial Manipulation in State and Local Government [J]. *Administration and Society*, 1977, 9 (3): 367—378.

和控制。他们同时认为，要发展更多有效理论来指导政府机构首先要意识到行政和立法领导者的局限性。

阿布图哈（A. M. Abu Tuha）的学位论文《预算执行中的行政自由裁量权：以佐治亚州为个案》和霍斯金斯（Hoskins, RonaldB）的学位论文《佐治亚州政府年中拨款的变化：预算理论启示》① 集中研究了佐治亚州的预算执行情况，他们的研究发现预算执行中有大量的年中预算调整发生，改变了最终的预算结果，并且对预算过程其他阶段的预算行为产生影响。这些年中预算调整研究非常重要主要是因为：第一，财政年度中的预算调整常常取消初始预算拨款；第二，从长远来看可能更重要，这些预算调整在以前或未来的预算周期影响了预算过程其他阶段的行为。州级预算调整的后续研究发现经济增长和保守低估预算收入有利于产生盈余，这些预算盈余在财政年度中作为州预算的一部分使用。这往往为立法机构的人员特别是在资本支出领域谋取狭隘的私人利益提供了机会。②

福里斯特和马林斯（Forrester, John P and Daniel R. Mullins）以问卷的方式对美国的核心城市进行调查，在调查基础上发表了论文《预算调整：市政预算过程的连续特性》。他们的调查发现，在许多城市的预算过程中"预算调整"是非常普遍并且非常重要。政府官员只是把预算调整看作正常预算过程的延续，而实际上预算调整过程更为隐蔽，对行政部门的影响要远远大于对公众或者对立法部门的影响。他们的调查数据证明，预算调整至少在地方层面是技术驱动的。他们的调研表明，预算调整过程中也存在政治问题，然而各个城市对项目的轻微预算调整主要是为了适应变动不居的外部环境，从而达到管理的需要。因此，预算调整

---

① Hoskins, RonaldB. Within-Year Appropriations Changes in Georgia State Government：The Implications for Budget Theory［D］. phd diss, University of Georgia, 1983.

② Lauth, Thomas P. Mid-Year Appropriations in Georgia：Allocating the "Surplus"［J］. *International Journal of Public Administration*, 1988, 11（5）：531—550.

是预算过程管理和计划维度的延续。①

福里斯特（John P. Forrester）在《州政府预算调整的过程：以密苏里州为例》一文中认为，在财政年度中，州预算的确发生了变化，但是为什么变化，预算的变化对现在和未来的预算政策有什么影响，却不得而知。通过研究密苏里州拨款审议通过后的预算调整过程，福里斯特回答了这两个问题。他的研究发现，密苏里州的预算调整增多主要是由于管理的需要和环境的压力。如果每年的预算计划不允许根据这些压力进行调整，通常预算的效益就会下降。他的研究还发现，拨款预算的偏差可能影响立法部门和执行部门如何确定预算基数，并且它关系到州长在财政年度中发挥的主导性作用。最后，他的研究数据表明，预算调整也不仅是为了预算盈余，也是由于上文中提到的财政压力。②

克拉斯等人（Klase Kenneth A. etal）在 2001 年发表了《西弗吉尼亚中小型城市年中预算调整研究》一文。这篇文章在获得西弗吉尼亚州中小城市数据的基础上研究预算执行问题，弥补了中小城市预算调整研究的空白。克拉斯等人研究发现，预算调整往往先适度增加预算，然后又减少支出使最后的支出小于调整后的数额而非常接近最初的预算拨款。这一模式使实际收入超过预测收入，这样就创造了盈余。尽管总体上预算调整是温和的，然而各个部门特别是小部门的预算总额在总预算中比例发生了实质的变化。较小部门的预算调整通常通过修改增加预算的数额然后减少最终的支出；较大的部门与之相反，在整个预算过程中所占的份额没有什么变化。③

多尔蒂和克拉斯（Michael John Dougherty, Kenneth A. Klase）在

① Forrester, John P and Daniel R. Mullins. Rebudgeting: The Serial Nature of Municipal Budgetary Processes [J]. *Public Administration Review*, 1992, 52 (5): 467—473.

② Forrester, John P. The RebudgetingP rocess in State Government: The Case of Missouri [J]. *American Review of Public Administration*, 1993, 23 (2): 155—178.

③ KennethA. Klase, Michael John Dougherty, and Soo Geun Song. Exploring Within-Year Budget Adjustments in Small to Medium-Sized Cities in West Virginia [J]. *Public Budgeting, Accounting and Financial Management*, 2001, 13 (2): 245—279.

《管理的必要性和创造盈余的艺术：西弗吉尼亚州各城市的预算执行过程》一文中以 15 个西弗吉尼亚州城市作为案例来检验预算调整的过程。许多预算类别的预算调整模式是一致的——人事、合同、商品、资本——在整个预算过程中呈现非常相似的"增长-减少"模式。通过获得预算调整的实验数据和对城市财政官员的结构化访谈，他们描述了在较小城市的预算执行过程中的预算调整、解释了可能的原因和预算调整行为的结果，研究发现预算调整是基于管理的必要性和自由裁量权而产生和分配盈余的过程。①

　　安西-佩西纳等人（Eugenio Anessi-Pessina etal）在《意大利城市中的预算调整：幅度和触发因素》一文中指出，预算调整在所有的政府机构中都很普遍，通常情况下，文献主要集中研究预算制定过程，而很少关注预算调整。预算调整是指政府在财政年度内修改或完善已经采纳的预算案行为。由于它对拨款具有潜在的巨大影响，他们认为应该更加关注预算调整。此外，已有的研究主要采取探索和描述的方法。他们调查研究了年中预算调整的幅度和预算调整对各种支出的贡献，在主要的预算调整触发机制的基础上检验一些假设。这样一个在意大利城市的预算和报告样本的基础上展开的分析，显示了政治和经济以及意外因素不仅影响预算调整的幅度，而且影响预算调整的类型。②

　　2. 国外预算调整研究综述

　　已有的研究预算调整文献主要从预算调整的客观原因、触发因素、过程和行动者、手段、模式、控制以及理论建构等方面展开。

　　（1）预算调整的客观原因

　　预算调整是预算执行过程中不可或缺的环节，这往往是由一些客观

---

　　①　Michael John Dougherty, Kenneth A. Klase. Managerial Necessity and the Art of Creating Surpluses：The Budget Execution Process in West Virginia Cities ［J］. *Public Administration Review*, 2003, 63（4.）：484—497.

　　②　Eugenio Anessi-Pessina, Mariafrancesca Sicilia. Rebudgeting in Italian Municipalities：Magnitude and Drivers ［C］. Transatlantic Dialogue on "Rethinking Financial Management in the Public Sector" organised in collaboration with EGPA and ASP, 2010.

因素决定的。关于预算调整的原因，福里斯特进行了较为系统的研究。公共资源是稀缺的，而民众的公共需求却是无限的；立法机关对行政机关的预算调整行为的控制能力是有限的，甚至有时在主观上是故意疏忽的；外界环境是变动不居的，这些因素导致预算执行中预算调整必然发生。

首先，资源有限性。资源有限性是预算调整最主要的原因。① 如果公共资源是无限的，民众的任何要求都可以得到满足，那么预算以及预算调整都变得没有必要了。事实上，公共资源是稀缺的，而民众的需求却是无限的，各级行政管理官员必须利用有限的资源最大程度地满足民众的利益。对于中央政府而言，当公共资源稀缺时他们有以下几种选择：削减、发行国债、增税和释放扣留资金等手段。任何政府或者部门的削减、新增国债和增税带来的额外收入、财政年度中释放扣留资金增加的收入，都是对初始预算案的一种改变，都会引起预算调整。福里斯特以密西里州为例，说明了资源的有限性是引起预算调整的最主要原因。在他看来州长和行政官员主要通过两种方法管理有限的收入：首先，也是最重要的是行政官员怂恿和命令各部门削减他们所分配的资金，部门内部如何削减通常由各部门决定；其次，鼓励一些部门去寻找联邦基金的帮助。② 主要依赖一般收入的部门或者项目最容易受削减或扣留影响，依赖联邦补助或专用税费收入的部门或项目受到的影响较小。有时候州政府也通过增加一部分税收，比如个人所得税或烟草税来增加收入。除此之外，州长也喜欢用释放扣留资金的方式增加收入。在财政年度中，如果发生公共资源的短缺，各级行政官员要么削减要么通过一些方式增加收入，不管何种方式都导致了年中预算调整的产生。

其次，立法机关控制的有限性。福里斯特（Forrester, John P.）的研究表明，立法机关决定了拨款的分配，但是它往往对财政年度中拨款的

---

① Forrester, John P. The Rebudgeting Process in State Government: The Case of Missouri [J]. *American Review of Public Administration*, 1993, 23 (2): 155—178.

② Forrester, John P. The RebudgetingP rocess in State Government: The Case of Missouri [J]. *American Review of Public Administration*, 1993, 23 (2): 155—178.

变动管理没有什么效力。① 为适应新的信息改变现有的政策，立法者可能放松对官僚的控制，并且同意作出调整应对不可预测的象征意义政治。

福里斯特（Forrester, John P.）将立法机关控制有限性的原因作出一下解释：立法部门可能批准或主动做出预算调整，以放松预算申请过程中对官僚财政自由裁量权的控制。② 在申请过程中，立法机构通过对行政自由裁量权施加各种控制来限制机构的扩张。这些控制包括预算平衡、通过保守的拨款限制支出、全面削减费用和实施新的立法标准。一般立法机关的工具包括限制调剂的权力、采取年度和纵向拨款、建立严格的会计要求和绩效监督。

如果立法部门的决策无法适应新的情况，则需要进行修改。例如，社会项目的拨款决策可能是基于过时的信息作出的决策，由于不可预测的经济和信息，立法机关没有通过新财政年度项目成本的准确评估。一些预算决策在政治上是合理的，但是在经济上是有问题的，这就需要在财政年度中进行调整。③

福里斯特（Forrester, John P.）认为预算调整可能是反对象征性政策的方式。④ 例如，在削减的环境中，立法者为了看起来是有责任的和公平的，可能同意全面削减，即使这样的削减可能降低一些项目的效率和产出，还是要对这些本不应削减的项目进行削减。事实证明，通过预算调整应对象征意义政治带来的削减是有效的。因为在象征性削减之后进行调整的政治成本可能低一些，并且预算政策的相互作用可以区分出来。

第三，外界环境的不确定性。福里斯特（Forrester, John P.）认为预算调整的另外一个非常重要的原因是外界环境的不确定性。州预算调整

① Forrester, John P. The RebudgetingP rocess in State Government: The Case of Missouri [J]. *American Review of Public Administration*, 1993, 23 (2): 155—178.

② Forrester, John P. The Rebudgeting Process in State Government: The Case of Missouri [J]. *American Review of Public Administration*, 1993, 23 (2): 155—178.

③ Forrester, John P. The RebudgetingP rocess in State Government: The Case of Missouri [J]. *American Review of Public Administration*, 1993, 23 (2): 155—178.

④ Forrester, John P. The RebudgetingP rocess in State Government: The Case of Missouri [J]. *American Review of Public Administration*, 1993, 23 (2): 155—178.

的第三个主要原因是立法机关、行政机关都错误估计了社会和经济的动态变化。① 州长可能要求追加或者加快部门分配的时间表来应对不断增长的失业、不可预测的银行关闭或者法院的裁决。联邦政府的新命令可能导致不可预期的公共卫生成本的提高，这需要州配套更多的资金或者需要联邦政府更多的转移支付，并且要求立法机关强制执行。总之，上级政府的新命令、行政首长的新政策等不确定因素都会导致预算调整的产生。

经济和社会环境是变幻莫测的。财政年度中经济超过预期的下滑，经济下滑的同时社会服务和社会救助项目可能增加。公共资源的供给与社会需求与预算案中计划的收入和支出之间产生较大偏差，导致预算执行中预算调整的产生。财政年度中经济增长超过预期，引起财政收入的增加，如果严格按照原预算案计划进行支出将导致大量结余，为了平衡预算需要重新立项或者对某些项目追加支出。

财政年度中政治系统和行政系统的变化具有不确定性。福里斯特（Forrester, John P.）指出财政年度中行政首长和部门首长可能产生更替，如果新的行政首长或部门首长与上任首长的政策观点不同，新任官员为了实施自己偏好的政策会进行预算调整，就会设立新的政策议程。在福里斯特的研究中受访者指出，与前任的政策观点不同的部门首长可能请求追加资金建立一个新的议程。②

（2）预算调整的触发因素（stimulus）

福里斯特和马林斯通过对城市官员的调查访问以及对城市官员的经验分析，总结了预算调整的触发因素。这些预算调整的触发因素包括：管理的必要性。管理的必要性是由于评估的需求、资源的多寡以及对行政决策的控制程度等复杂的技术因素而产生；环境的压力。行政部门在变幻莫测的环境下提供公共服务，必须要承受不确定的环境所带来的压

---

① Forrester, John P. The RebudgetingP rocess in State Government: The Case of Missouri [J]. *American Review of Public Administration*, 1993, 23（2）: 155—178.

② Forrester, John P. The Rebudgeting Process in State Government: The Case of Missouri [J]. *American Review of Public Administration*, 1993, 23（2）: 155—178.

力；政治问题。公共部门资源分配决策的本质就是政治问题，预算的过程本质上就是一个政治过程。[①] 预算执行者为了更好地管理预算、适应环境的压力以及应对预算执行过程中产生的政治问题，产生了预算调整的主观需求。

首先，管理的需要触发预算调整。行政官员为了更好管理公共预算资金而进行预算调整。管理的必要性包括以下三个方面[②]：为了适应外部环境的变化。行政规则过分限制了部门首长或者行政官员行为，为了适应外部环境的变化不得不违背这些规则进行预算调整；为了修改不准确的支出估计。在预算执行中，行政部门为了尽可能地缩小支出估计和实际支出之间的偏差而进行预算调整；为了适应现金流的动态变化。现金流是不稳定的，当实际收入大于预测收入时为优先项目增加支出或者当实际收入小于预期收入时削减开支。增加支出和削减开支都是预算调整的方式。

其次，环境的压力触发预算调整。外界环境是变动不居的，预算制定者很难对资源的波动做出准确的预测，也无法对公共需求进行准确的评估，预算执行者也必须对计划之外的上级命令作出反应，这些压力催生了预算调整。环境的压力包括以下三个方面[③]：（1）难以准确预测资源波动的压力。不可预测的经济下滑或膨胀、法律的出台、州或国家重大项目的改变，这些因素引起的环境资源的波动导致预算调整的产生；（2）难以准确评估公共需求的变化。公共服务中不可预测的变化导致公共需求的变化难以准确评估导致预算调整的产生；（3）上级的命令带来的压力。上级的命令要求下级政府或部门必须实施某些政策，如果这些政策并没有包含在初始预算中，那么下级政府或部门就必须通过预算调

① Forrester, John P., and Daniel R. Mullins. Rebudgeting: The Serial Nature of Municipal Budgetary Processes [J]. *Public AdministrationR eview*, 1992, 52 (5): 467—473.

② Forrester, John P., and Daniel R. Mullins. Rebudgeting: The Serial Nature of Municipal Budgetary Processes [J]. *Public AdministrationR eview*, 1992, 52 (5): 467—473.

③ Forrester, John P., and Daniel R. Mullins. Rebudgeting: The Serial Nature of Municipal Budgetary Processes [J]. *Public AdministrationR eview*, 1992, 52 (5): 467—473.

整来为新政策提供资金支持。福里斯特指出州、联邦政府或法院的命令都会给预算执行者造成压力，引起预算调整。

第三，政治问题触发预算调整。福里斯特和马林斯（Forrester, John P., and Daniel R. Mullins）认为，政治问题主要包括以下几个方面：（1）为了实现政治补偿而进行预算调整。公众中的个人或者团体、政府机构或者部门对在初始预算过程中获得的资源不满，试图通过预算调整寻求在初始预算过程中没有得到的资源；（2）由政治象征意义（Symbolism）而引起的预算调整。当经济下滑时，为了达到政治象征意义的目的而进行全面削减，即使这些削减会降低效率也在所不惜。这些削减本身就是一种预算调整，在这次全面的削减之后，为了减少效率的损失执行部门还会对本不应削减的部门和项目追加资金，预算调整再次发生；（3）由于政治漂移（drift）而引起的预算调整。这里的政治漂移是指，在预算案被采纳后，由于公众焦点的变化、利益集团实力的变化、政治力量的变化等引起政治优先性的变化而导致调整的产生；（4）由行政政治而引起的预算调整。这里的行政政治是指行政执行中的政治活动。预算的过程实质上是一个政治过程，预算执行自然也不例外。行政官员通过预算调整可以获得在初始预算过程中失去的政治阵地，甚至可以扩张他们的政治力量。

他们的调研数据表明，就管理的必要性、环境的压力和政治问题三个类别来说，管理的必要性是对行政官员引起的预算调整和立法机构引起的预算调整最重要的触发因素，其次是环境的压力和政治问题。然而，单独来说，在立法机构引起的预算调整中政治补偿是最重要的因素，同时，在行政部门引起预算调整中评估的需求是最重要的原因。

（3）预算调整过程和行动者

福里斯特和马林斯对美国核心城市进行了问卷调查。调查结果表明，82%的受访城市只需要市议会简单多数的投票通过，就可以进行年中预算调整。然而公众希望在年中预算调整中发挥作用。虽然94%的社会团体要求为初始预算举行公开听证会，然而只有不到40%的团体要求为预算调整举行公开听证会，并且只有40%的召开听证会的城市认为预算调整听证会等同于初始预算听证会。① 通过比较初始预算过程和预算调整过程，他们认为城市官员和普通大众在预算调整过程中的参与数量显著下降。基于数量排序（重要性等级），预算调整的公众参与数量的下降幅度要远远大于普通官员。但是，公众在抵制预算调整方面起着非常重要的作用。随着项目主任（program directors）的影响力增强，高层行政官员的影响力相应膨胀，尤其是与预算调整相关且处于领导地位的高层行政官员影响力的增加更为明显。紧随行政官员之后受到影响的是市长（主要领导）和城市议会。他们的参与水平只相当于初始预算过程参与水平的三分之一到二分之一。预算调整的核心力量，主要是城市行政官员或城市经理其次是城市议会和市长。②

福里斯特在密苏里州的调查获得的数据和资料不能证明州长或立法机构审议的预算调整项目跟他们在初始预算过程中审议的新项目是不是一样多。政治敏感的项目或者通过一般收入融资的项目可能促使审议发生。由于整个拨款和预算委员不常参与追加听证会可能会减少深度审查，听证会通常情况下持续二至三天，然而，初始预算的拨款听证会可能会持续好多周。③ 与初始预算过程相比，预算调整过程中的民主参与较少，行动者也较少，引起的关注也较少。在美国的核心城市中，预算调整主要被城市行政官员和市长所掌控。

（4）预算调整方式

预算调整的方式是指在预算调整过程中采取的技术手段。预算调整手段很难穷尽，但是最常用到的包括以下几种：保守估计专项资金收入、

---

① Forrester. John P. and Daniel R. Mullins. Rebudgeting：The Serial Nature of Municipal Budgetary Processes ［J］. *Public AdministrationR eview*, 1992, 52（5）：467—473.

② Forrester, John P., and Daniel R. Mullins. Rebudgeting：The Serial Nature of Municipal Budgetary Processes ［J］. *Public AdministrationR eview*, 1992, 52（5）：467—473.

③ Forrester, John P. The Rebudgeting Process in State Government：The Case of Missouri ［J］. *American Review of Public Administration*, 1993, 23（2）：155—178.

会计操作、调剂、重新立项、专项资金滥用五种预算调整方式。① 福里斯特在对密苏里州的调研中发现州行政官员采用了以下方式进行预算调整：削减预算、寻找联邦基金的帮助（预算追加）、增税、释放扣留的资金。②

(5) 预算调整模式

在克拉斯（KennethA. Klase）对预算调整的研究中，中小城市不同的部门和服务领域呈现不同的预算调整模式。中小城市数据验证了在主要功能领域采用"增长–减少"模式进行预算调整，而在主要服务领域采用"减少–增加"模式进行预算调整。

"增加–减少"模式是指在预算执行过程中各个城市政府或部门从初始拨款到调整后的拨款有一个巨大的增加，但是紧随这些变化之后，从调整后到现实的支出却减少了的预算调整模式。③

在财政年度开始前，立法机构确定初始拨款，然后在财政年度中，政府机构对这些拨款做出调整。这些调整不仅包括总额的变化还包括每个功能领域或者部门所分配数额的变化。最后，在财政年度结束时，城市政府和各部门对支出进行汇总。财政年度末的这些支出与最初拨款的变化是温和的，稍微多一点或者稍微少一些。这个模式重要的是通过预算调整增加收入，但是在随后的预算执行中却支出不足，留下结余。实际上在研究中所有城市的收入与最初审议的收入相比都大大增加，几乎在所有的城市中实际收入比调整后的收入估计都要高。克拉斯认为通过

① Hale G E,. Douglass S R. The Politics of Budget Execution: Financial Manipulation in State and Local Government [J]. *Administrationa & Society*, 1977, 9 (3): 367—378.

② Forrester, John P. The Rebudgeting Process in State Government: The Case of Missouri [J]. *American Review of Public Administration*, 1993, 23 (2): 155—178.

③ KennethA. Klase, Michael John Dougherty, and Soo Geun Song. Exploring Within-Year Budget Adjustments in Small to Medium-Sized Cities in West Virginia [J]. *Public Budgeting*, *Accounting and Financial Management*, 2001, 13 (2): 245—279.

预算执行过程结转的的大部分盈余资金是要用作新财政年度的预算平衡资金。①

根据克拉斯的研究，主要职能部门呈现"增加-减少"模式。接受检验的部门预算占总预算的5%以上，它代表了主要部门或者主要的功能领域，例如警察、消防和街道，研究表明预算调整模式不一定要适合大部分部门的规范。通常情况下，大部分部门会通过调整增加拨款。实际上，调整拨款通常将增长的收入或现有的拨款的大部分分配给较小的功能领域而不是分给主要的服务领域。最后，预算调整的这个模式总体上是要调整后的拨款有一个巨大的增长，然后从调整后的数额到全年支出有一个下降的趋势。②

"减少-增加"模式是指在预算执行中通过预算调整减少拨款，然而在随后的预算执行中却增加支出的预算调整模式。在克拉斯对中小城市的研究中，主要服务领域呈现"减少-增加"的预算调整模式。主要服务领域与功能领域（例如，警察、消防和街道）相比占据了较大的份额，却表现了相反的预算调整模式。他们更多的是减少调整后的拨款然后增加年底的支出。③ 当预算增长的时候大宗项目和主要服务领域失去了一部分的在总预算中的份额，而通过总预算"增加-减少"模式的结余资金弥补了主要服务领域失去的那部分资金。然而总体上看较大的部门从调整预算到最终支出都没有太大的变化（微小的增长）然而一些边缘项目却有缩水。这可能意味着从调整预算到年底支出时想保护或坚持主要服务领域。

---

① KennethA. Klase, Michael John Dougherty, and Soo Geun Song. Exploring Within-Year Budget Adjustments in Small to Medium-Sized Cities in West Virginia [J]. *Public Budgeting*, *Accounting and Financial Management*, 2001, 13（2）：245—279.

② KennethA. Klase, Michael John Dougherty, and Soo Geun Song. Exploring Within-Year Budget Adjustments in Small to Medium-Sized Cities in West Virginia [J]. *Public Budgeting*, *Accounting and Financial Management*, 2001, 13（2）：245—279.

③ KennethA. Klase, Michael John Dougherty, and Soo Geun Song. Exploring Within-Year Budget Adjustments in Small to Medium-Sized Cities in West Virginia [J]. *Public Budgeting*, *Accounting and Financial Management*, 2001, 13（2）：245—279.

有趣的是，两年后多尔蒂（Michael John Dougherty）和克拉斯（KennethA. Klase）指出，通常情况下，个人服务、合同服务、商品采购和资本项目表现为"增加-减少"模式。[①] 个人服务是所有城市预算最大的部分并且通常在预算调整中也是资金变化最大的部分。合同服务是预算中较小的部分，在预算调整中的资金变化却与个人服务相似。商品采购有一些变化但是波动幅度不大。资本项目由预算调整引起的变动幅度最大，从初始拨款到最后调整有一个巨大的增加，然后从最后调整到实际支出又有巨大的减少。捐助没有遵循"增加-减少"模式，是唯一的与大部分城市的整体预算调整模式不同的支出类别。[②]

（6）预算调整控制与监督

立法机关是最主要的控制预算调整的部门，宪法、法律和各项法律法规也对预算调整的行为进行了限制，国别不同、地区不同相应的规定也不同。福里斯特和马林斯指出，（在美国）预算案的改变需要立法机构的正式审批，尤其是在商定的行政自由裁量权范围之外进行预算调整。在福里斯特和马林斯所调查的绝大多数城市中，行政部门在没有立法部门明确审批的情况下无权重新分配资金。通常是以城市宪章或国家法律，而不是行政规则和程序对行政自由裁量权的制约进行规定，通过行政手段他们很难改变拨款计划。即使地方当局放松要求也需要立法机关的审议。为了进一步保证各部门坚持在预算中确定的优先事项，许多城市声称遵守各种预算支出控制。在福里斯特和马林斯调查的城市中，93%采用正式的抵押担保制度，91%使用正式的月度或者季度审查以减少预算调整。[③]

---

① Michael John Dougherty, Kenneth A. Klase. Managerial Necessity and the Art of Creating Surpluses: The Budget Execution Process in West Virginia Cities [J]. *Public Administration Review*, 2003, 63 (4): 484—497

② Michael John Dougherty, Kenneth A. Klase. Managerial Necessity and the Art of Creating Surpluses: The Budget Execution Process in West Virginia Cities [J]. *Public Administration Review*, 2003, 63 (4): 484—497

③ Forrester, John P., and Daniel R. Mullins. Rebudgeting: The Serial Nature of Municipal Budgetary Processes [J]. *Public AdministrationR eview*, 1992, 52 (5): 467—473.

（7）预算调整理论的初步构建

预算调整理论的构建在预算调整研究过程中具有里程碑的意义。目前并没有成熟的预算调整理论框架。意大利学者安西–佩西纳认为，目前为止，预算调整的文献主要采取一个探索的立场。通过一个探索的立场，确定了预算调整的一些触发因素，但是缺乏对潜在的决定因素系统的鉴别和对它们实际影响的验证。① 安西–佩西纳等研究者在政府预算和经济政策等方面文献的基础上提出了三个假设。

首先，安西–佩西纳等研究者认为预算调整受政治/体制和经济/意外因素的影响，因此提出了第一个假设。假设1：预算调整受政治/体制和经济/意外因素的影响；此外，他们认为这些因素对不同种类的收入和支出的影响不同，因此提出了第二和第三个假设。假设2：政治/体制和经济/意外因素对预算调整的收入和预算的支出的影响是不同的；假设3：政治/体制和经济/意外因素对资本预算和常规预算的预算调整的影响是不同的。② 三个假设都得到了验证，只是在不同的类别上统计显著性不同。

安西–佩西纳将政治/体制和经济/意外因素细分为政治分裂、自上次选举以来的年头数，市长的更替、地理区域、规模、累积的盈余/赤字、预算中对上一年盈余/赤字的修改等多个因素，对每个因素分别检验。在检验的过程中得出以下结论：

对政治变量的检验表明，预算调整不是在财政年度中增长税率的行为，而是从保守的初步估计或超过预期的实际收入这两项中提取，这可能是一项增加税收遵从的结果。因此，大多数支离破碎联盟可能对初始税收收入的估计不太保守或者打击逃税不严厉。最后，提高非税收收入

---

① Eugenio Anessi-Pessina, Mariafrancesca Sicilia. Rebudgeting in Italian Municipalities: Magnitude and Drivers [J]. *Transatlantic Dialogue on "Rethinking Financial Management in the Public Sector" organised in collaboration with EGPA and ASP*, 2010.

② Eugenio Anessi-Pessina, Mariafrancesca Sicilia. Rebudgeting in Italian Municipalities: Magnitude and Drivers [J]. *Transatlantic Dialogue on "Rethinking Financial Management in the Public Sector" organised in collaboration with EGPA and ASP*, 2010.

可能是一个支离破碎的联盟更容易达成妥协。①

对政治方向的变量的检验表明，选举和政治方向的改变影响预算调整。②（在意大利）左翼联盟在初始的税收收入估计上更为保守或更倾向于打击抗税行为，另一方面，右翼联盟为了保证预算平衡而小幅增加资本支出。事实上，在选举即将到来时，执政党往往在预算中较高估计支出，以保证选举所在的财政年度经常性支出资金充足，从而为自己在投票选举中带来积极影响。为平衡预算新政府不能扩大资本性支出的拨款，因此，新政府为了实施自己偏好的项目只能反对上届政府投资项目。

对强制管理的变量检验表明，强制管理（compulsory administration）在固定效应模型中统计上显著。具体来说，在（意大利的）强制管理的城市中更习惯于调整借款和债务偿还的估计，申请借款的大幅增加和债务偿还的小幅增加。最后导致债务重组和整合。但是，强制管理的城市很少增加税收，可能是所有可能的税收已经包含在初始预算中了。③

对经济和意外因素的检验表明，南部富裕的城市更倾向于提高收入和支出。城市的（人口）规模似乎会对预算调整发生反作用。城市规模越大，预算调整的需求越小。④

对累计盈余的检验表明，越是富裕的城市债务偿还的数额越高。累积盈余越少的城市获得上级政府转移支付越多，可能是上级政府更倾向于向财力贫困的城市补助资金。在10%的显著水平，累积盈余与一般预

① Eugenio Anessi-Pessina, Mariafrancesca Sicilia. Rebudgeting in Italian Municipalities: Magnitude and Drivers [J]. *Transatlantic Dialogue on "Rethinking Financial Management in the Public Sector" organised in collaboration with EGPA and ASP*, 2010.

② Eugenio Anessi-Pessina, Mariafrancesca Sicilia. Rebudgeting in Italian Municipalities: Magnitude and Drivers [J]. *Transatlantic Dialogue on "Rethinking Financial Management in the Public Sector" organised in collaboration with EGPA and ASP*, 2010.

③ Eugenio Anessi-Pessina, Mariafrancesca Sicilia. Rebudgeting in Italian Municipalities: Magnitude and Drivers [J]. *Transatlantic Dialogue on "Rethinking Financial Management in the Public Sector" organised in collaboration with EGPA and ASP*, 2010.

④ Eugenio Anessi-Pessina, Mariafrancesca Sicilia. Rebudgeting in Italian Municipalities: Magnitude and Drivers [J]. *Transatlantic Dialogue on "Rethinking Financial Management in the Public Sector" organised in collaboration with EGPA and ASP*, 2010.

算支出的增加正相关，也就是说累计盈余越多，一般预算支出越多。上一年的财政盈余在新的投资融资中通常用来补充而不是取代新的资本收入。①

另外，安西－佩西纳通过研究认为，预算调整倾向于增加而不是减少初始预算拨款。② 这表明预算调整是政治和行政机构扩大自由裁量权的有效方式。预算调整的幅度随着收入和支出的类型的不同而不同，资本预算部分的预算调整比例要远远大于一般预算部分。预算调整反映城市规模和它的文化、社会、政治和经济环境，至少在某种程度上可以作为获得城市区域内这些因素的一般参考。

3. 国外预算调整研究评述

国外预算调整文献研究方法非常严谨，值得我们学习。但是中央层面预算调整研究仍比较薄弱，仍需加强。

（1）研究方法严谨

从研究方法上来讲，已有的文献大多采取问卷调查、个案研究和统计数据分析等方法进行经验研究，而缺乏通过规范研究探索预算调整的价值层面的问题。20 世纪 60-70 年代的预算调整研究是探索性和列举性的，只能说是预算调整研究的萌芽。③ 阿布图哈（A. M. Abu Tuha）通过从佐治亚州计划与预算办公室、佐治亚州审计部门以及对佐治亚州政府相关的预算人员的访问获得了佐治亚州 1977 年的财政数据。他对佐治亚州 1977 年的财政数据分为"三个来源和三个方式"，多个角度进行比较分析，研究佐治亚州预算执行中获得自由裁量权的来源和方式。福里

---

① Eugenio Anessi-Pessina, Mariafrancesca Sicilia. Rebudgeting in Italian Municipalities: Magnitude and Drivers [J]. *Transatlantic Dialogue on "Rethinking Financial Management in the Public Sector" organised in collaboration with EGPA and ASP*, 2010.

② Eugenio Anessi-Pessina, Mariafrancesca Sicilia. Rebudgeting in Italian Municipalities: Magnitude and Drivers [J]. *Transatlantic Dialogue on "Rethinking Financial Management in the Public Sector" organised in collaboration with EGPA and ASP*, 2010.

③ Hale, George E. and Scott R. Douglas. The Politics of Budget Execution: Financial Manipulation in State and Lo-cal Government [J]. *A dministrationa nd Society*, 1977, 9 (3): 367—378.

斯特和马林斯（Forrester& Mullins）在 1990 年 12 月从 100 万人口以下（517 个）的美国核心城市中随机选择了 91 个核心城市进行问卷调查，其中来自 49 个城市的 59 个官员寄回了完整的问卷。通过这些问卷他们对核心城市预算调整的触发因素、行动者、过程和控制等方面进行了研究。克拉斯（Klase, KennethA.）通过西弗吉尼亚 15 个最大的城市预算调整数据分析研究预算执行中预算调整与部门和支出类别的内在关系。多尔蒂和克拉斯（Dougherty& Klase）通过 1997 西弗吉尼亚常住人口 1 万以上的城市年度预算数据的变化研究预算执行中预算调整创造盈余的艺术。安西-佩西纳等人（Eugenio Anessi-Pessina etal）通过在各个城市部门内部网站上下载有关收支的数据，建立了一个 175 个 4 万人以上的意大利城市连续五年以上的数据面板，并运用这个数据面板来检验他们提出的三个假设。

国外的预算调整研究特别重视实证研究。实证研究以演绎和归纳逻辑的科学分析思路为基础，关注的是现象与现象之间的因果关联，通过发展一套相互关联的并可以验证的法则来说明相关变量之间的因果关系，从而达到解释、预测和控制自然和社会事件的目的。[①] 已有的预算调整研究通过对财政数据、问卷调查数据和访谈数据的分析和推理，并发现其中的规律性。国外预算调整研究大多"小题大做"，每篇文章都是通过大量翔实的数据、严谨的分析回答一个核心问题，而不追求框架的宏大，属于"小而精"的研究类型，值得我们学习。

（2）中央层面预算调整研究薄弱

预算调整主要的研究成果都集中在地方政府层面，中央层面研究比较薄弱。

20 世纪70-80 年代的美国相关研究主要集中在州层面，1977 年乔治和道格拉斯（Hale, George E., and Scott R. Douglas）在《预算执行中的政治：州和地方政府的财政操纵》一文中研究了州和地方政府层面的预

---

① 马骏，刘亚平. 中国公共行政学的"身份危机" [J]. 中国人民大学学报，2007 (4)：9—10.

算调整，既涵盖了州层面又涵盖了城市层面；1977 年阿布图哈（A. M. Abu Tuha）的学位论文《预算执行中的行政自由裁量权：以佐治亚州为个案》和 1988 年霍斯金斯（Hoskins, RonaldB）的学位论文《佐治亚州政府年中拨款的变化：预算理论启示》先后研究了佐治亚州州层面的预算调整；1993 年，福里斯特（John P. Forrester）在《州政府预算调整的过程：以密苏里州为例》一文中研究了密苏里州的预算调整行为。

20 世纪 90 年代以来的预算调整研究主要集中在城市层面，其中包括核心城市和中小城市。1992 年，福里斯特和马林斯（Forrester& Mullins）在《预算调整：市政预算过程的连续特性》一文中研究了美国核心城市预算调整行为；2001 年，克拉斯等人（Klase, KennethA. etal）在《西弗吉尼亚中小型城市年中预算调整研究》一文中研究了西弗吉尼亚中小型城市的预算调整行为；多尔蒂和克拉斯（Dougherty& Klase）在《管理的必要性和创造盈余的艺术：西弗吉尼亚州各城市的预算执行过程》一文中研究了西弗吉尼亚州一些城市的预算调整行为；安西–佩西纳等人（Eugenio Anessi-Pessina etal）在《意大利城市中的预算调整：幅度和触发因素》研究了意大利 175 个人口在 4 万以上的城市的预算调整行为。

虽然 1983 年，彼茨瓦达（B. T. Pitsvada）在《联邦预算执行的灵活性》一文中研究了联邦层面的预算调整行为特别是预算调整方式。但是无法改变中央层面预算调整研究薄弱的境况。

（二）国内预算调整文献述评

国内预算调整文献述评从研究内容综述和评述两个方面展开：

1. 国内预算调整研究内容综述

国内预算调整的研究主要从预算调整实践中存在的问题、预算调整的概念、预算调整的类型、预算调整的方式和预算调整民主五个方面展开：

（1）关于预算调整实践中存在的问题的研究

所有关于预算调整实践的研究都认同一个观点：政府或者部门预算

执行中预算调整频繁无序。卢鸿福（2007）认为预算实践中存在的预算调整事后'追认'现象十分不妥。他认为"财政预算是经人民代表大会批准的政府年度收支计划。法律规定，预算在执行过程中如需进行局部调整，必须经本级人大常委会审查批准后方可变更。但是，在实际工作中，许多地方往往要下一财政年度人大会议召开前才提请人大常委会审查预算调整方案。此时，预算调整方案中的有关事项早已执行，使人大常委会对预算调整的事前审批变成了事实上的事后'追认'"①。事后"追认"使预算调整审批程序失去意义，立法机关的监督变成"橡皮图章"。范自力（2009）认为"近年，各级地方政府在财政预算执行中大量调整年初预算现象较为普遍，年初预算与年终调整预算相比往往已是面目全非，从而大大降低了年初预算的权威性和约束力，使人大对预算编制的审查监督流于形式，削弱了国家和社会对权力运行的制约与监督力度"②。

徐曙娜（2008）认为根据《预算法》关于预算调整的规定，人大只有权监督会引起赤字的预算调整，其他的预算调整都脱离了人大的监督，这就造成实际工作中预算的严肃性遭到了最大的挑战。"一年预算，预算一年""预算两张皮"等现象普遍存在。具体来讲实际工作中由于缺乏对预算调整的监督，存在着下面几个方面的问题："（1）超收支出随意性强，监督乏力。一些地方在编制财政预算时将预算收入指标故意定得低些，这样超收余地留得大，可给政府留出更多的机动资金。这样使得一些地方预算在执行中超收规模越来越大。由于大多数地方将超收安排不纳入预算调整的范围，人大无法监督。由于缺乏监督，加上财政部门对超收安排又缺乏明确的程序规定，因而往往造成扩大投资规模和重复建设，甚至滋生腐败现象。（2）专项资金、专项返还和补助资金使用中问题很多。（3）不同预算科目之间资金随意划转、调剂，影响预算的严

---

① 卢鸿福，苏晓丹，刘志毅. 预算调整审批怎能"追认" [J]. 人大建设，2007（12）：12.

② 范自力. 地方政府大量调整年初预算行为亟待规范 [J]. 人大建设，2009（1）：51.

肃性。财政部门对财政预算执行中科目之间的资金划转调剂使用，是经常而大量的。经人大审批的预算在执行中频繁划转、流动，同时又不必事先或及时报告人大，那么人大批准的包括各类支出和收入在内的完整预算方案便失去了应有的法律效力和严肃性。"①

(2) 关于预算调整概念的研究

罗春梅②（2004）和刘明慧（2004）都认为"《预算法》中关于预算调整的定义有两种不同的理解：一种是以预算收支是否平衡为标准，界定什么是预算调整。这种观点认为，只要总支出不超过总收入或者原批准的预算中举借债务的数额不增加，其收支规模的变化、收支结构的变更，都不属于预算调整范围，当然也就不需要各级人大审查批准；一种是以已批准的预算为基准，界定什么是预算调整。这种观点认为，预算执行过程中由于收入、支出政策发生较大的变化，以及收入、支出规模、结构发生较大变化，造成实际收入、支出与原来批准的预算发生较大差异的，就应属于预算调整，需要审查批而不论是否影响收支平衡"③。李诚（1998）认为《预算法》中关于预算调整的规定未定义预算调整中的"特殊情况"，并且容易形成预算调整的标准存在理解差异。李诚还列出了产生理解差异的四种情况："第一，当收入增加之后相应地进行支出安排时，若总支出未超过总收入，这种情况是否应当视为预算调整？第二，当收入减少支出亦相应压缩，总支出仍未超过总收入时，这种情况是否应当视为预算调整？第三，总支出未超过总收入，但出现了预算划转、预算科目流动等情况时，这类现象可否视为预算调整？第四，《预算法》第56条规定，因上级政府返还或者给予补助而引起的预算收支变化，不属于预算调整。……实际执行中，当返还或者补助的款项超过原预算时，人大对相应增加的支出的监督就变得比较重要了。"李诚（1998）认为

---

① 徐曙娜. 谈《预算法（修订草案）》中"预算调整"的相关规定 [J]. 上海财经大学学报, 2008 (3): 56—59.

② 罗春梅. 关于预算调整的理论思考 [J]. 中央财经大学学报, 2004 (2): 5—8.

③ 刘明慧. 政府预算管理 [M]. 北京: 经济科学出版社, 2004, 8: 205—206.

"应将超过原预算的返还或者补助应该纳入预算调整的范畴，编制预算调整方案"①。罗春梅（2004）年提出按照平衡标准理解存在下列问题："（1）涉及举借债务时，除了中央预算存在预算调整问题外，地方根本不存在预算调整的问题，因为《预算法》第28条有规定：地方各级预算按照量入为出、收支平衡的原则编制，不列赤字，除法律和国务院另有规定外，地方政府不得发行地方债券；（2）任何大的收支政策变动、收支规模、结构等变动，只要不出现预算赤字，就不作为预算调整，自然也就无需立法机构审批。"② 徐曙娜（2008）认为"《预算法》赋予人大对预算调整的真正权限只有对赤字的控制上，而对预算结构的调整和其他情况是没有任何监督权力的预算调整概念模糊且不全面，执行法律中易出现漏洞"③。赵阅（2009）认为："我国现行的预算法只承认预算增加为预算调整的对象，而预算减少、预算转移、项目删除等都不在其中。"④

在分析《预算法》中预算调整概念存在的问题的基础上很多学者对预算调整概念的修正提出了建议。李诚（1998）认为："（1）单纯增加支出或者单纯减少收入，使原批准的收支平衡的预算的总支出超过总收入的，单纯的支出增加或者收入减少超过原预算安排3%的，必须编制预算调整方案，报请人大审批；（2）当增加支出的同时减少收入，使原批准的收支平衡的预算的总支出超过总收入的，与原预算安排相比较，收入减少1.5%同时支出增加1.5%以上的，必须编制预算调整方案，报请人大审批；（3）当实际收入超过原预算的收入指标，相应地，又确需在当年进行增支安排，并且，这种增支安排不会造成总支出大于总收入的

① 李诚，王瑞贺，刘永平. 关于预算调整的几个问题 [J]. 人大工作通讯，1998（2）：20—23.

② 罗春梅. 关于预算调整的理论思考 [J]. 中央财经大学学报，2004（2）：5—8.

③ 徐曙娜. 谈《预算法（修订草案）》中"预算调整"的相关规定 [J]. 上海财经大学学报，2008（3）：56—59.

④ 赵阅. 政府财政预算议会监督制度研究 [D]. 黑龙江大学法学院宪法学与行政法学专业硕士学位论文，2009：36—39.

情况时，每安排的一次性支出增加额占收入 10% 以上的，必须编制预算调整（或预算变更）方案，报请人大审批；（4）当收入减少的同时相应地减少支出并使当年总收入仍然保持平衡时，总收支水平比原预算压缩 5% 以上的，必须报请人大审批；（5）当原批准的预算方案中的总收支未加改变，执行中出现预算划转、预算科目流动时，如变动的数额超过原预算安排的 20% 以上的，必须编制预算调整（或预算变更）方案，报请人大审批。"① 在李诚看来以上五种情况都应该纳入预算调整的范畴。赵阅（2009）认为："应当增加追减预算调整的法律规定，将预算预备费的动用、预算科目间的调剂、返还和补助引起的预算变化纳入预算调整范围，相关的预算调整方案，由各级人大常委会审查批准。"②

（3）关于预算调整类型的研究

根据罗春梅（2004）以批准的预算为基准的判定方法，预算调整分为两类："一是由于政策影响，国家重大的收支调整，如农村税费改革引起的变更，新出台的增收（减收）增支（减支）政策；二是其他各种原因造成的收支出现较大变化，需作调整，例如本年度预算执行中，用本级增收的收入出台重大的增资政策或者新增重大的基本建设项目，因执行中始终以批准的预算计划作为依据，以下称之为预算标准。"③ 刘明慧（2004）、马蔡琛（2007）和徐曙娜（2008）认为："在预算执行过程中，根据调整幅度的不同，预算调整的方法可分为全面调整和局部调整。全面调整是指政府预算在执行过程中，如遇特大自然灾害，战争等特殊情况，或遇国民经济发展过分高涨或过分低落，以及对原定国民经济和社会发展计划进行较大调整时，就有必要对政府预算进行全面调整。政府预算的全面调整，涉及面广，工作量大，实际上等于要重新编制一次政府预算，一般都是在第三季度或第四季度初进行。政府预算全面调整时，

---

① 李诚，王瑞贺，刘永平. 关于预算调整的几个问题 [J]. 人大工作通讯，1998（2）：20—23.

② 赵阅. 政府财政预算议会监督制度研究 [D]. 黑龙江大学法学院宪法学与行政法学专业硕士学位论文，2009：36—39.

③ 罗春梅. 关于预算调整的理论思考 [J]. 中央财经大学学报，2004（2）：5—8.

首先由财政部提出全面调整计划，经国务院审核，报全国人民代表大会常务委员会审查批准后，下达各地区各部门执行。"① 局部预算调整是对政府预算做的局部变动，在政府预算执行中为适应客观情况的变化，重新组织预算收支平衡，这种情况是经常发生的。② 冯素坤（2008）提出非常规预算调整的概念，它属于与常规预算调整相对的一种预算调整类型。"非常规预算调整是指在预算执行过程中，在没有编制预算调整方案交同级人大常委会（乡、民族乡、镇政府预算的调整方案必须提请本级人民代表大会）审批通过的情况下，对已经审批通过的预算案的收入、支出规模、结构进行的调整，造成实际收入支出与原来批准的预算发生差异（不论是否影响收支平衡）。非常规预算调整有时可以发挥一定的积极作用，但是在中国的预算实践中其突出表现为消极作用。浪费了公共资源，削弱了财经纪律，容易滋生腐败，迫切需要采取措施对非常规预算调整行为进行规范。"③ 徐亚沁（2009）认为："08 年下半年，美国爆发金融危机，并迅速席卷整个世界。我国在面对经济危机，进行宏观调控的过程中，出台了四万亿的救市政策应该属于预算调整的范畴，但是实践中四万亿的筹集和支出都没有进入预算调整程序。"④ 张亲培，冯素坤（2010）把"受上级政府政策或指令的影响引发的下级政府的预算调整行为称为压力型预算调整。2009 年中央政府代发地方政府债券作为一种新的方式引发了全国性的大规模的预算调整，作为债券责任主体的 35 个省、自治区、直辖市和计划单列市政府增加了财政收入，在预算相应的科目收支安排上也必须进行相应的调整，省级以下政府通过转贷的方式获得地方债券收入，其相应的预算科目也要进行调整，由中央代发地方公债引发的预算调整是全国性的。中央代发地方公债是典型的压力型

---

① 刘明慧. 政府预算管理 [M]. 北京：经济科学出版社，2004，8：205—206.
② 刘明慧. 政府预算管理 [M]. 北京：经济科学出版社，2004，8：205—206.
③ 冯素坤. 中国非常规预算调整问题探析 [D]. 吉林大学 2006 级硕士学位论文，2008：9—10.
④ 徐亚沁. 浅析我国宏观调控中的预算调整 [J]. 经营管理者，2009（14）：201.

预算调整"①。

(4) 关于预算调整方式的研究

马蔡琛认为："预算调整具体包括动用预备费、追加追减预算、经费流用和预算划转等几种情况。"② 刘明慧认为："预算调整的措施主要有预算的追加、追减和预算划转两种形式。"③ 田学举（1998）认为："挪用经费、会计操纵、生产经营创收资金的使用都属于预算调整的范畴。"④ 广义的预算调整覆盖所有的预算变更的情形，福建财经委预算审查监督处（2005）在回答一名县级人大代表提问时认为，预算执行变更包括："（1）预算调剂。预算调剂也称科目经费流用，是将预算经费从一个支出科目调整给另一个支出科目开支。它可能发生在不同预算部门的同类预算科目之间，也可能发生在同一预算单位内部不同预算科目之间，它还可能发生在同一预算部门内的不同预算单位之间，也可能发生在同一预算单位内不同预算科目经费在不同用款时间之间；（2）预算调整。预算调整有广义与狭义之分，广义的预算调整覆盖所有的预算变更的情形；（3）预算追加。预算追加是指在既定预算的基础上增列预算经费的行为。预算追加既可以是对预算总支出的追加，也可以是仅对若干个预算科目经费的追加，既可以在既有预算科目上增加经费，也可以新列预算支出科目和经费；（4）预算划转。预算划转是指因行政区划、行政职能或者组织体系的改变，而引起的预算关系改变的行为。包括政府之间的预算划转和部门之间的预算划转；（5）动用预备费。预备费是在政府预算中设立的，用于因应不测灾害和特殊情形，暂不确定用款单位和最终用途的经费。决定将政府预备费用于某个部门或者某个科目使用时，实际上是追加该部门或科目的预算经费，同时相应减少预备

---

① 张亲培，冯素坤. 中国压力型预算调整研究 [J]. 学术界，2010 (5)：27—35.

② 马蔡琛. 政府预算 [M]. 大连：东北财经大学出版社，2007：202—204.

③ 刘明慧. 政府预算管理 [M]. 北京：经济科学出版社，2004：206.

④ 田学举. 浅议政府机关预算调整审议 [J]. 中州审计，1998 (4)：9.

经费。"①

(5) 关于预算调整监督的研究

王秀芝（2009）提出的人大对政府预算监督的五大问题也是预算调整监督的真实写照："（1）人民代表大会地位与组成存在问题，造成人大预算监督弱化。人民代表大会地位的权威性并不明显；（2）人民代表大会没有专门机构进行预算监督（虽然有财经委员会但是人员少，力度弱还起不到有效监督的作用）；人大代表专业性不强；（2）人大审批预算流于形式。预算草案编制粗略；人大代表审议预算案存在制度性缺陷；对决算的监督同样存在问题；（3）对预算调整监督乏力。预算调整的法律规定不明确，理解各异；调整频繁监督无力；（4）预算超收收入使用游离于人大监督之外；（5）我国预算监督法制建设滞后，不能为预算监督工作提供有效的法律保障。"②

赵阅（2009）认为应该通过细化预算调整审批程序增强预算民主。他认为《预算法》第 7 章没有规定预算调整方案的审批程序。这造成预算调整审批的随意性，降低了权力机关对预算监督的权威性。应当从以下几个方面严格预算调整审批的程序："（1）初步审查。在本级人大常委会全体会议召开前一个月，由本级人大预算委员会进行初步审查，本级人大常委会预算工作委员会协助，形成初步审查决议；（2）委员审议。在本级人大常委会全体会议召开前半个月，将预算调整方案和初步审查决议分发给各位委员，各位委员可以通过各种方式（网络征求意见、调研、调查等）审议预算调整方案；（3）通过条件。各级人大常委会审批预算调整方案由全体委员的三分之二以上多数投票通过。由此，预算调整的申请主体是各级政府；预算调整的审批主体是全国人大常委会、县级以上地方各级人大常委会和县级以下人大。由于县级以下政府级别较低，无需应付国家宏观经济调控政策以及国家安全事务，即使遇到自然

---

① 福建省人大财经委预算审查监督处. 预算执行变更有哪些情形？[J]. 人民政坛，2005（5）：33.

② 王秀芝. 人大对政府预算监督的五大问题 [J]. 财政监督，2009（4）：32—34.

灾害，也可以由上一级政府预算支付，再调整本级预算。所以，应当缩小预算调整申请主体，取消县级以下政府预算调整方案的申请权。由此，县级以下人大的审批权自然消灭。"①

杜见良在《为"实行预算追加听证制"叫好》一文中论述了安徽省实施预算追加听证制度的四个好处。安徽省从 1999 年下半年开始，在全国率先实行预算追加听证办法，即财政部门组织预算追加听证时，将邀请本级人大及其常委会有关机构，本级人民政府法制、审计、监察等有关部门，申请预算追加项目的有关部门、单位代表及有关方面的专家参加，并严格遵守公正、公平、科学和效率的原则。项目经过听证后，如有 2/3 以上参加听证的部门、单位代表和专家不同意预算追加的，一般不予追加；反之，则追加。② 何志浩（2009）年在《重庆市实行预算追加听证制度述评》一文中介绍了重庆市在全国率先实行预算追加听证制度，对预算单位申请追加财政资金实行听证的情况。预算追加是预算调整方式的一种，预算追加听证是预算民主的重要形式。③

周海燕（2007）对新河镇人大对预算调整的监督体系做出了详细的介绍。"（1）预算调整申请主体。由镇政府在预算执行过程中，根据代表意见和已变化的实际情况，提出预算调整方案，然后再由人大审查批准；（2）预算调整内容。新河预算改革中，最初的预算调整方案仅限于增加收入和调整支出，后来将收入调减也列入预算调整的内容；（3）预算案表决程序的设计。按照原来设计方案，本次预算调整表决采用分项表决，先表决代表提出的修正议案，再表决经民主恳谈后修改过的预算调整草案；对代表修正议案的表决采用票决方式，对预算调整草案的整体表决采用举手方式；（4）代表能否就预算调整提出修正议案。乡镇人大代表提出议案，除了必须有 5 名以上代表联名之外，其内容必须属于

① 赵阅. 政府财政预算议会监督制度研究 [D]. 黑龙江大学法学院宪法学与行政法学专业硕士学位论文, 2009：36—39.
② 杜见良. 为"实行预算追加听证制"叫好 [J]. 湖北审计, 2000 (10)：10.
③ 参考何志浩. 重庆市实行预算追加听证制度述评 [J]. 黑龙江对外经贸, 2009 (6)：145—146.

本级人大的职权范围，因此，对于政府提出的预算调整方案，应当允许代表提出修正议案。但是，代表提出修正议案不能超出预算调整的范围。因为预算调整的主体是作为执行机关的人民政府，人大代表对预算执行中的各种意见，可以通过会议期间的审议发言或书面意见来表达，无权对已通过的总预算提出修正议案。"①

根据狭义的预算调整概念只有影响收支平衡的支出变化才属于预算调整，超收收入不属于预算调整的范畴，但是根据广义的预算调整概念，只要与审批通过的预算案相比发生任何收支规模和收支结构的变化都属于预算调整，超收收入属于预算调整的范畴。闫绿松（2009）认为："预算超收收入是政府超额完成年初人大会批准的预算收入任务的部分。动用预算超收收入安排支出，是对年初人大会批准的本级预算的部分变更。他认为加强对预算超收收入安排使用情况的审查和监督，已成为地方各级人大常委会的当务之急。"②

2. 国内预算调整研究评述

与国外预算调整研究缺乏批判性研究不同的是国内预算调整研究是从批判《预算法》关于预算调整的界定开始的。《预算法》的模糊规定以及在实施中暴露出的问题催生了一系列预算调整研究。这些研究主要分为两类，一类是学者们的研究，另一类是人大常委会或者实践部门的工作人员在研究。学者们（如刘明慧、马蔡琛等）更多的是针对预算调整概念和预算调整方式的探讨，实践部门（如李诚、闫绿松等）的研究更多的是提出预算调整中存在的问题或者是对策。总体上来说这些研究具有以下特点。

（1）研究方法不够严谨

国内预算调整研究成果中并没有实证研究成果，遗憾的是这些研究也并非严格意义上的规范研究。到目前为止尚未发现公开发表的预算调

---

① 周海燕. 公共预算启动中国乡镇人大的制度改革——以温岭新河人大预算民主恳谈为例 [J]. 公共管理学报，2007（3）：96—100.

② 闫绿松. 预算变更和预算调整审批监督问题探析 [J]. 新疆人大（汉文），2009（11）：25—26.

整实证研究成果。实证研究的缺乏可能与中国政治与公共行政领域研究方法的薄弱相关。虽然近几年中国政治与公共行政学界兴起一股政治学研究方法学习热潮，然而研究方法薄弱这一状况仍没有发生根本性的扭转。严格意义上的规范研究是应然层面和价值层面的研究，可是国内的预算调整研究并没有解决价值取向的问题。从定量和定性研究的角度来看，国内预算调整研究成果定性研究多于定量研究。国内预算调整研究文献中数据极少，可能是由于以下原因的结果：由于《预算法》中关于预算调整的定义过于宽泛导致统计部门对相关数据统计的缺乏；中国政府预算公开度非常有限，预算调整本身就具有优先性，即使公开预算案也无法获得预算调整数据。现有的研究成果大多是定性研究，主要是在政府部门或人大工作的人员在工作实践中观察和研究而来，研究者通过深度访谈和实地研究的成果和通过对媒体公开的信息、他人的研究成果二次分析和研究而来。然而这些定性研究成果中在文中并没有注重对所采取的研究方法的介绍和运用，很多是仅仅凭借主观判断进行概括性描述，研究方法不严谨、逻辑推理不严密。

（2）缺乏统一的话语体系

国内预算调整研究参差不齐缺乏权威。仅就预算调整的概念、类型和方式，研究者们各执一词，《预算法》的先天不足导致"权威"的沦陷，《预算法》修订的难产导致期盼"权威"的无望。研究观点的"百家争鸣，百花齐放"会促进研究的进步，但是概念体系的"各执一词"会导致研究者之间对话和交流能力的丧失，并最终阻碍研究的进步。

（3）缺乏中央层面的预算调整研究

在现有的研究成果中，要么是对预算调整泛泛而谈，不具体指哪个政府层级的行为，要么是只针对地方政府层面的预算调整研究，目前为止尚未专门针对中央政府或者中央部门的预算调整研究成果公开发表。这可能是由于中央层面预算调整资料获取比较困难导致的。然而中央政府和部门作为最核心的预算管理和执行机构在预算执行中发挥着决定性的作用，并直接影响地方政府的行为。例如，2009年中央代发地方公债直接导致所有地方政府压力型预算调整的发生。中国部门预算改革是采取地方推动中央的方式推进的，部门预算改革取得了一定的成果，然而预算调整的频繁无序依然严重，一场"自上而下"的改革是否能够把中国预算真正带入"现代预算时代"，预算调整问责能否向前迈进一步？

四、研究思路和研究方法

本书的研究从"为什么研究中央部门预算调整"开启，先构建预算调整和中央部门预算调整的框架，然后运用文字和数字资料证明"中央部门预算调整怎么样"，最后构建蓝图回答"如何改善中央部门预算调整——实现预算调整问责"的问题。

（一）研究思路

绪论回答了为什么要以"中央部门预算调整及其问责路径研究"作为本书选题。预算案一旦通过立法机构的审议便具有法的效力，不可随意调整。然而，预算执行中的预算调整又是不可避免的。预算调整的目标是要完善预算调整问责机制进而实现财政问责并最终建立一个对人民负责的政府。在国内在预算执行中预算调整都会时常发生，并且由预算调整导致的浪费和欺诈也不可避免。令人意外的是国内外预算调整的研究成果都很少，中央部门的预算调整研究尤为稀少。因此，本书以"中央部门预算调整研究"为题，希望能丰富预算调整研究成果，并促进中央部门预算调整问责的实现。

第一章构建了预算调整基本框架回答了"预算调整是什么，有哪些类型，采用什么方式、目标定位是什么和实现预算调整问责的基本形式有哪些"的问题。在梳理国内外预算调整概念的基础上提出本研究的预算调整概念，然后梳理了预算调整分类、预算调整方式、预算调整目标和预算调整问责。

第二章在分析中央部门运行框架和预算框架的基础上从资金调整方

式和预算收支体系两个维度构建了中央部门预算调整方式分析框架作为第三章预算调整实证分析的工具。回答了"中央部门的组成及预算管理模式"和"预算调整是以什么方式产生的"这些问题。

第三章对中央部门立法审批的预算调整和政府审批的预算调整进行了实证分析回答了"中央部门预算调整怎么样"的问题。立法审批的预算调整主要是定性分析，政府审批的预算调整运用历年《审计报告》的数据进行定量分析，通过这些分析检验1998－2021年期间中央部门预算调整的结构和变化规律，影响中央部门实现预算调整问责的预算调整类型、方式及主体。

第四章回答了中央部门如何完善预算调整问责机制的问题。笔者从建立核心预算机构、施行预算调整分层管理、进行政府会计制度改革、增强民主监督和提升预算执行审计能力几个方面展开实现预算调整问责路径的探索。笔者提出的建议未必能够保证预算调整问责的实现，但是却能实现预算调整问责的"帕累托改进"。

（二）研究方法

本书综合采用了规范研究和实证研究相结合的研究方法。规范研究是一种以价值问题为主题、以人文精神为内涵、以文本为资源依托、以诠释文本为表现方式的学术研究路径。[①] 第一章主要是运用了规范研究方法，回答了预算调整应然层面的问题，设定了预算调整的目标是实现预算调整问责，确定了研究目标。

文献研究是一种通过收集和分析现存的，以文字、数字、符号、画面等信息形式出现的文献资料，来探讨和分析各种社会行为、社会关系及其他社会现象的研究方式。[②] 根据文献具体形式和来源的不同，我们可以将其分为个人文献、官方文献及大众传播媒介三大类，具体包括日记、

---

① 颜昌武. 公共行政学中的规范研究 [J]. 公共行政评论, 2009 (1): 105—128.
② 风笑天. 社会学研究方法 [M]. 北京: 中国人民大学出版社, 2005: 224.

回忆录和自传、信件、报刊、官方统计资料、历史文献等。① 根据研究的具体方法和所用文献类型的不同，可以将文献研究划分为若干不同的类型。其中社会研究者常用的有内容分析、二次分析和现存统计资料分析。第二章政府审批的预算调整实证分析对1998-2021 年 23 年的《审计报告》进行分析，从文献来源上讲，《审计报告》属于官方文献，从具体研究方法上来说本研究的研究属于二次分析。

二次分析（secondary analysis）也称第二手分析，指的是对那些由其他人原先为别的目的收集和分析过的资料所进行的新的分析。这种新的分析主要有两种类型，分别为着两种不同的研究目的，一种是从别人为研究某一问题而收集的资料中，分析与该问题所不同的新的问题，即把同一种资料（已有的别人的研究所收集的资料）用于对不同的问题的分析和研究中。另一种类型则是用新的方法和技术去分析别人的资料，以对别人的研究结果进行检验，即用不同的分析方法处理同一种资料，看看是否能得出同样的结论。② 中央部门预算大部分是保密的，仅仅通过一些部门公开的一张简单的表格无法获取关于预算调整的信息。中国政府采取的是收付实现制会计并且没有政府财务报表制度，这就导致获取全面完整的预算调整信息非常困难。笔者搜集了1998-2021 年 23 年的《中央预算执行和其他财政收支情况的审计工作报告》（以下简称《审计报告》），《审计报告》并不是关于预算调整的专门性报告，因此没有预算调整的直接统计数据，笔者只能从《审计报告》中提取关于预算调整的信息，进行同一种资料不同研究主题的"二次分析"。

五、可能的创新与局限

本研究从选题到研究方法到研究内容都具有一定的创新性，但是受

---

① 风笑天. 社会学研究方法 [M]. 北京：中国人民大学出版社，2005：221.
② 风笑天. 社会学研究方法 [M]. 北京：中国人民大学出版社，2005：234.

到研究条件、社会环境、个人研究能力等因素的限制，本研究也具有一定的局限性。

（一）　可能的创新

笔者提出预算调整问责是预算调整必须履行的受托责任，首次将预算调整与预算调整问责结合起来。国外很多预算调整研究认为预算调整至少在地方层面是技术驱动的，很多学者认为预算调整受到政治的影响，但并没有深入研究。直接将预算调整赋予政治使命，有利于发现预算调整背后深刻的政治含义。

构建预算调整一般分析框架和中央部门预算调整框架是一种理论创新。国内外的预算调整研究中理论研究极其缺乏，本书为以后的研究奠定了理论基础，有利于将研究从特殊层面提升到一般层面。

构建中央部门预算调整方式分析框架具有一定的创新性。国内的学者大多只是对预算调整方式进行简单的列举并没有建立全面的预算调整分析框架，更没有具体到某个政府层面。本研究具体到中央部门层面从收入和支出两个体系以及总额调整和结构调整几个角度对预算调整进行分类，建立了比较完整的预算调整分析框架，具有一定的创新性。这为中央部门预算调整研究奠定了理论基础，也有利于定量研究的进行。

运用实证数据分析预算调整这在国内预算调整研究方法上是一次突破。国内现有的预算调整研究概括性描述比较多，大多属于定性研究。这主要是由于预算调整比较隐蔽，获取预算调整数据非常困难，中国没有实行政府财务报告制度又增加了获取预算调整数据的难度。从历年《审计报告》中提取中央部门预算调整数据进行定量分析，这是一种研究方法上的创新。

（二）　研究局限

本书的预算调整一般框架和中央部门预算调整分析框架是在梳理国内外相关研究成果的基础上建立的，但是受到本人能力的限制可能存在一些不足。首先，无法获得全世界所有国家的相关资料；其次只能阅读和理解中英文文献，对其他语言的文献掌握得不够；再次，本人的理论水平有限而且缺乏实际工作经验。基于以上原因本书构建的分析框架可能存在一些不足。

本书采用的政府审批的预算调整数据不是直接从中央部门获得的准确全面的预算调整数据，而是从历年的《审计报告》中间接获得的，《审计报告》中的数据只包括审计署审计出的预算调整数据无法包括他们没有审计或者没有审计出的数据，因此，《审计报告》中的预算调整数据与中央部门真实发生的预算调整数据是有一定差距的。获取预算调整数据的困难不仅仅在于笔者无法深入中央各个部门索取数据而在于就目前的预算制度以及会计制度，中央部门本身都很难获得全面准确的预算调整数据。此外，《审计报告》中关于支出部门的预算调整数据大多是合并统计的，没有明确责任主体，笔者只能把所有支出部门作为一个整体来分析，而实际上各个部门由于职能的不同差距很大，这种分析方法会影响研究的深度和精度。

第一章　预算调整概述

预算调整的研究尚处于探索期，国内外并不存在学界共识的预算调整的定义。本研究在分析国内外预算调整概念优点和不足的基础上提出新的预算调整概念。根据审批程序可以将预算调整分为立法审批的预算调整和政府审批的预算调整。我们应该以是否实现预算调整问责为预算调整优劣的判定标准。

一、预算调整概念厘定

国外有几位学者对预算调整的概念进行了界定，这些概念有很大的相似之处但是同时也存在了一些共同的不足。

（一）国外关于预算调整的界定及其存在的问题

国外研究预算调整的文献中交替使用"rebudgeting（重新预算）"和"budget adjustment（预算调整）"，并没有对两者进行区分，只不过前者在论文题目中出现的多一些，而后者多在正文中出现，笔者认为重新预算不太符合中文的表达习惯，故而将两个词都翻译为"预算调整"。

瓦尔达沃夫斯基（Wildavasky A.）认为，预算调整作为年度预算过程的延续，城市（政府）通过这种方式适应变化甚至冲突的预算目标，这些预算目标包括连续和控制、变化和问责、灵活性和预测性等。① 产生预算调整需求并不意味着"为年初预算敲响了丧钟"②。然而，它强调了年初预算的重要性，年初预算是预算调整的起点，它的规则为连续的预算过程奠定了基础。年初预算和预算调整是"在不同时间做出的承诺"③。我们全面理解预算，分析的重点从年度和一点到跨年和连续，例如它包括追加和削减预算、修订行政承诺或者其他可能的修改。在正常的审批程序之下，所有这些都是有生命力的预算应对不可预测的困境重要的安全阀和缓冲器。

鲁宾（Rubin I.）认为，预算调整是一个连续的预算的重要组成部分，它从年初预算中获得提示。它是一种通过修改最初的有缺陷的目标调整年初预算的方式。④ 预算调整可能是为预算办公室工作的部门和机关更有效达到政策目标的一种方式。

福里斯特（John P. Forrest）和马林斯（Daniel R. Mullins）则认为，重新预算是一个连续的预算不可缺少的部分，它以批准的预算为基础，是对已批准的预算的修改和完善，而不是颠覆该预算。⑤ 他们认为发现重新预算过程更为隐蔽和更具技术性，对行政部门的影响要远远大于对公众或者对立法部门的影响。⑥

国外的几种关于预算调整的定义虽然表达方式不同，但却共同反映了以下要素：（1）预算执行中的预算调整并不是对年初预算的一种背离，

---

① Wildavasky, A. *The new Politics of the Budgetary process* [M]. Glenview, illinois Boston Lond on : scott, Foresman and Company, 1988: 7.

② Wildavasky, A. *The new Politics of the Budgetary process* [M]. Glenview, illinois Boston Lond on : scott, Foresman and Company, 1988: 202–203.

③ Wildavasky, A. *The new Politics of the Budgetary process* [M]. Glenview, illinois Boston Lond on : scott, Foresman and Company, 1988: 12.

④ Rubin I. *Budget Theory and Budget Practice：How Good the Fit?* [M]. Chatham, NJ, Chatham House Publishers, 1990.

⑤ Forrest, John P. & Daniel R. Mullins. Rebudgeting：The serial nature of municipal budgetary process [J]. *Public Administration Review*, 1992, 52 (5)：467—473.

⑥ Forrest, John P. & Daniel R. Mullins. Rebudgeting：The serial nature of municipal budgetary process [J]. *Public Administration Review*, 1992, 52 (5)：467—473.

而是一种修正和完善；（2）预算执行中的预算调整是必要的；（3）预算调整有利于政策目标的达成和财政问责的实现。国外预算调整概念更多的是对预算调整性质的一种描述和对预算调整的一种美好愿景，并没有对预算调整的内涵和外延进行具体的界定，也没有区分不同政府层级之间预算调整的不同。

（二）国内关于预算调整的界定及其存在的问题

《预算法》中关于预算调整模糊的规定，以及《预算法》和预算实践表现出的明显的不适应性，导致了学界不同学者对预算调整概念的不同解读。

1. 学界关于预算调整的不同理解

《中华人民共和国预算法》（以下简称《预算法》）第五十三条规定："预算调整是指经全国人民代表大会批准的中央预算和经地方各级人民代表大会批准的本级预算，在执行中因特殊情况需要增加支出或者减少收入，使原批准的收支平衡的预算的总支出超过总收入，或者使原批准的预算中举借债务的数额增加的部分变更。"[1] 这一规定非常模糊，导致了对预算调整的不同理解。预算调整的理解分为两种：第一种是以预算收支是否平衡为标准，界定什么是预算调整；第二种是以批准的预算为基础，界定什么是预算调整。

持第一种观点的人认为，只要总支出不超过总收入或者原批准的预算中举借债务的数额不增加，其收支规模的变化、收支结构的变化，都不属于预算调整的范围，只要实现了平衡，其他的一切变化都可以不算调整，不需要审查批准。[2] 根据第一种观点，对中央政府而言，只有三种情况属于预算调整：第一，由于支出增加而使总支出超过总收入；第二，由于收入减少而使总支出超过总收入；第三，举借债务的数额增加。

持第二种观点的人认为，预算执行过程中，由于收入、支出政策发

---

①　全国人民代表大会. 中华人民共和国预算法 [Z]. 1994.3.

②　刘明慧. 政府预算管理 [M]. 北京：经济科学出版社，2004：203.

生较大变化，以及收入、支出规模、结构发生了较大变化，造成实际收入、支出与原来批准的预算发生较大差异的，就应属于预算调整，需要审查批准，而不论是否影响收支平衡。[①] 第二种观点是基于《预算法》第九条的规定："经本级人民代表大会批准的预算，非经法定程序，不得变更。"[②] 这一规定体现了预算为法的意识，经本级人民代表大会批准的预算具有法律效力，同其他法律法规一样具有严肃性、稳定性和权威性。同其他法律法规不同的是，预算作为一种对财政收支的提前计划，很难完全适应变动不居的社会经济环境，预算调整是必要的，只是必须通过法定的程序才能进行调整。

可见，《预算法》规定模糊、缺乏缜密性导致了对预算调整的不同理解。《预算法》第五十三条中关于预算调整的规定更强调预算平衡的重要性。并且第七十三条关于法律责任的规定："各级政府未经依法批准擅自变更预算，使经批准的收支平衡的预算的总支出超过总收入，或者使经批准的预算中举借债务的数额增加的，对负有直接责任的主管人员和其他直接责任人员追究行政责任。"也只追究改变预算收支平衡的预算调整行为的责任。这些规定都不足以保障《预算法》第九条"非经法定程序，不得变更"的真正实现。

根据第一种理解对中央政府而言，当支出增加时可以通过举借债务增加收入来满足支出这属于预算调整；而当收入减少时既可以通过增加举债实现原计划的支出，也可以通过削减支出从而实现收支平衡。既然增加举债属于预算调整，那么削减支出是否属于预算调整呢？《预算法》没有回答这个问题。只不过《预算法》颁布实施以来，中国中央政府并没有因为削减支出而进行预算调整，《预算法》的这一缺陷也就不那么明显了。

相对丁第一种理解，第二种理解是一种进步。然而第二种理解仍然有模糊之处：首先，第二种预算调整的理解虽然以"批准的预算"为标

---

① 刘明慧. 政府预算管理 [M]. 北京：经济科学出版社，2004：204.

② 全国人民代表大会. 中华人民共和国预算法 [Z]. 1994. 3.

准，但是其中规定的"较大变化""重大收支调整""重大的增资政策"很难判定，到底多大变化算作"较大变化"？多大的调整算作"重大收支调整"呢？在不同时期、针对不同主体就会产生不同标准。笔者认为对预算调整的理解不应该以调整的大小为标准判定是否属于预算调整。既然以"批准的预算"为标准，那么只要与批准的预算相比发生变化，或者预期预算执行与批准的预算发生变化，不论是总额的变化还是收支结构和规模的变化都应该算作预算调整的内容。只是应该根据预算调整的内容和幅度不同，遵循不同的预算调整程序。换言之，对预算调整应该实现分层管理。

2. 部分地方政府对"预算调整"的界定

1994 年的《预算法》太过不合时宜已无争论。新《预算法》的出台"一波三折"，在千呼万唤中终于揭开了神秘的面纱，但是《预算法》修订版本并没有对预算调整做更详细或者更新的规定。中国各级政府特别是一些地方政府通过出台相关的规章、规定和管理办法，对预算调整的内涵、外延以及调整的程序进行了相应的规定。广东省 2001 年开始实施的《广东省预算审批监督条例》对预算调整进行了比较详细的规定。其中第十九条规定，在本级预算执行中遇有下列预算收支变化之一的，人民政府财政部门应当及时向同级人民代表大会财政经济委员会或者人民代表大会常务委员会财政经济工作委员会汇报："（1）预计年度一般预算收入减少额超过预算额 5% 的；（2）人民代表大会批准预算决议中强调确保的预算支出项目预计需要调减指标的；（3）农业、教育、科技、环境保护、计划生育、社会保障预算支出预计需要调减指标的；（4）调增调减预算收支涉及科目超过预算科目 30% 以上的；（5）人民代表大会常务委员会主任会议认为应当报告的其他收支变化情况。前款第（2）项、第（3）项、第（4）项所列预算收支变化，必须报经本级人民代表大会常务委员会审查批准，审查批准程序依照本条例第二十二条、第二十三条规定。"① 第二十九条的规定中使用了"预算收支变化"一词，而第

---

① 广东省人民代表大会. 广东省预算审批监督条例［Z］. 2001. 2.

（2）（3）（4）项需要履行的是预算调整程序，也就是说《广东省预算审批监督条例》将（2）（3）（4）项的预算收支变化界定为预算调整的内容，而如果遇到第一和第五项内容的情况，财政部门应当及时向同级人民代表大会财政经济委员会或者人民代表大会常务委员会财政经济工作委员会汇报。河北省作为预算改革的"排头兵"在2003年对预算调整进行了重新界定。《河北省省级预算执行管理办法》第三十四条规定，预算调整是指经省人大批准的预算，在执行中因出现下列情况引起预算的部分变更："（一）预计引起省级预算收支不平衡的；（二）预计省级预算总收入超收或者减收的（三）省级预算总支出需要增加或者减少的（四）上年结余未列入预算而动用的；（五）农业、科技、教育、社会保障支出预算需要调减的；（六）省级人民代表大会批准的预算决议中规定确保的支出项目需要调减支出的；（七）不同部门之间资金需要调剂的。河北省通过列举的方法界定了预算调整的外延。"① 广东省和河北省作为率先推行预算改革的省份，在很多方面走在了中央部门预算改革的前列，他们对预算调整概念的界定不仅具有前瞻性，而且具有可行性，中央部门应该在借鉴地方政府做法的基础上对预算调整概念进行修订。

3. 预算法修订草案关于预算调整的界定

在《预算法》修订过程中，从2004年提出修订《预算法》到目前为止已经产生了2006版和2010版两个版本的《预算法修订草案》。2006版《预算法修订草案》第六十九条规定五项内容属于人大审批的预算调整范围：预算支出总额比原批准预算支出总额超过1%的；部门预算财政拨款总支出比原批准预算增加或者减少超过1%的；农业、教育、科技、社会保障等重点预算资金比原批准预算调减的；原批准的类级科目之间发生资金调剂的；中央财政国债余额超过经全国人民代表大会或其常务委员会批准的限额的。新法还在第七十条规定，前面五款的调整必须编制预算调整方案，报同级人大常委会批准。新法不仅列举了这五款预算调整的范围，还在第六十七条中明确规定了超收收入的具体用途，只能

---

① 王加林. 河北预算管理制度体系 [M]. 北京：中国财政经济出版社，2002：67.

用于弥补赤字，当年需要用于其他支出的，按照预算调整处理。当年不使用的，则列入下年预算。由此可见："（1）新法对经费流用进行了规范，使得财政部门不能在预算科目之间随意调剂。（2）对预算的追加追减进行了限制，而且限制的幅度还很少，比较各地近几年的做法，这个幅度是属于严厉的。近几年来，各地都相继出台了地方预算监督条例或者办法等，一般也对预算追加追减的幅度进行了限制，但一般都限制在5%～10%，很少限制在1%，对于部门预算的限制就更少看到1%的，所以这一点大大提高了人大对预算调整的实质性监督的力度。（3）严格规定了超收收入的处理，新法没有像地方上那样对超收收入规定一定的幅度，超过这一幅度需要人大审批，而是直接规定超收收入如果不是用来弥补赤字，当年使用就必须纳入预算调整方案中接受人大的审批，这使得不管超收多少，只要符合预算调整条件就必须纳入人大监管范围，为杜绝大规模超收收入的存在奠定了良好的法律基础。（4）除此以外，新法还对专项转移支付和一般转移支付引起的预算调整做了明确的规定，尤其指出由一般性转移支付引起的预算调整也应编制预算调整方案，报人大常委会审批，这样进一步加强了人大对一般性转移支付的监控。"①

而2010版《预算法修订草案》规定，预算调整要报人大常委会审批，即只要支出总额有调整，都需报人大批准。而2006版是要求支出总额超出预算1%以上，需编制预算调整方案报人大常委会审批。2010版修订稿对预算科目之间资金的调剂，也提出要报人大审批。农业、教育、科技和社会保障等重点支出调减，更需要报全国人大批准。② 新《预算法》关于预算调整的规定。经全国人民代表大会批准的中央预算和经地方各级人民代表大会批准的地方各级预算，在执行中出现下列情况之一的，应当进行预算调整：（一）需要增加或者减少预算总支出的；（二）需要调入预算稳定调节基金的；（三）需要调减预算安排的重点支出数额

---

① 徐曙娜. 谈《预算法（修订草案）中预算调整的相关规定》上海财政大学学报，2008（3）：56—63.

② 席斯. 财税改革亟待预算法出台，修订稿或12月审议［EB/OL］.［2010-11-12］. http：//news. hexun. com.

的；（四）需要增加举借债务数额的。显然新《预算法》并没有采用前面两个版本的定义，而是选取了更为保守的规定。

（三）预算调整概念界定

笔者意图在《中华人民共和国预算法》《中华人民共和国预算法实施条例》、地方政府关于预算调整的规定、学者们关于预算调整的研究以及《预算法修订草案》关于预算调整的规定基础上提出预算调整的概念。《实施条例》第五章预算调整第六十二条规定："各部门、各单位的预算支出，必须按照本级政府财政部门批复的预算科目和数额执行，不得挪用；确需作出调整的，必须经本级政府财政部门同意。"① 第六十二条既然属于第五章预算调整的规定，那么第六十二条规定的内容应该属于预算调整的行为，况且第六十二条的内容中使用了"调整"一词，然而《预算法》关于预算调整的规定却只关心预算收支是否平衡不包含第六十二条规定的科目流用的内容，两部法律的相互矛盾支出可见一斑。笔者认为《实施条例》第六十二条的内容应该属于预算调整的范畴。《实施条例》第五章预算调整第六十三条，年度预算确定后，企业、事业单位改变隶属关系，引起预算级次和关系变化的，应当在改变财务关系的同时，相应办理预算划转。同样道理，第六十三条的内容也应该属于预算调整的范畴。

《预算法》第七章预算调整第五十六条规定："在预算执行中，因上级政府返还或者给予补助而引起的预算收支变化，不属于预算调整。"② 而《实施条例》第五章预算调整第六十一条规定，接受上级返还或者补助的地方政府，应当按照上级政府规定的用途使用款项，不得擅自改变用途。两部法律出现了矛盾，在一般情况下，当下位法与上位法产生冲突的时候，下位法从属于上位法。《实施条例》属于下位法，根据这一原则上级返还或者补助引起的预算收支变化不应属于预算调整的范畴。但

---

① 国务院. 中华人民共和国预算法实施条例 [Z]. 1995.11
② 全国人民代表大会. 中华人民共和国预算法 [Z]. 1994.3.

是《预算法》的明显缺陷以及预算改革的需要，修改《预算法》成为必然。2006 版《预算法修订草案》中对专项转移支付和一般转移支付引起的预算调整做了明确的规定，如果将转移支付纳入预算调整的范畴上级返还或者补助也应纳入预算调整的范畴。河北省将不同部门之间的资金调剂也列入预算调整的范畴，并且这一点已经包括在 2006 年的修订草案中了。综上所述，无论是研究者、实践者还是立法者都认为仅仅将总额的变动算作预算调整是不合时宜的，越来越多的人把预算执行过程中结构和规模的变化也纳入预算调整的范畴。

本书认为预算调整是指以全国人民代表大会批准的中央年初预算和经地方各级人民代表大会批准的各级地方年初预算为标准，包括列入预算的所有转移支付、上解收入、税收返还、基金收入、非税收入和结转结余收入，预算执行部门做出的任何偏离年初预算的收支变化行为。具体包括：收入增加、收入减少、收入结构变化、支出增加、支出减少、支出结构变化。这是个广义的预算调整概念，要实现分类或者分层管理，不同类别的预算调整需要接受不同机关的审议，例如，有的预算调整由立法机关审议，有的预算调整由核心预算机构/预算管理部门审议。理解预算调整概念需要把握以下几个方面：

1. 预算执行部门是预算调整的主体。预算执行部门包括各个政府层级的所有接受财政拨款的部门。具体的预算调整主体要根据具体情况进行分析。

2. 预算调整的判定标准是立法机关审议通过的预算案，任何偏离预算案的收支变化都属于预算调整。

3. 政府间的财政资金转移以及转移资金的规模和结构的变化也属于预算调整。《预算法》中关于预算调整的界定关注"全国人民代表大会批准的中央预算和经地方各级人民代表大会批准的本级预算"[①]，需要指出的是"本级预算"不包括政府间的财政资金转移，如中央部门本级预算不包括中央补助地方支出，以本级预算为标准将会导致在政府间转移

---

① 全国人民代表大会. 中华人民共和国预算法［Z］. 1994. 3.

的财政资金回避预算监督。

4. 并不是所有的预算调整都需要接受立法机关的审议，广义上的预算调整必须实现分类或者分层管理。

二、预算调整的类型

根据不同的标准可以将预算调整分为不同的类型，根据所需要的程序、调整的幅度和影响，资金变化的方式和收支体系分别可以将预算调整分为以下类别。

根据预算调整所需要遵循的程序可以将预算调整分为立法审批的预算调整和政府审批的预算调整。比较大幅度的预算调整一般需要立法机关的审议，属于立法审批的预算调整；小幅度的预算调整一般仅仅需要本级政府首脑或者财政部门的审批就可以进行调整，属于政府审批的预算调整。但是，如何区分立法审批的预算调整和政府审批的预算调整，各国的情况就不同了，甚至同一个国家不同政府层级和同一政府层级的不同时期区分立法审批的预算调整和政府审批的预算调整的标准也是不同的。当政府或部门自由裁量权比较大时，立法审批的预算调整的标准就比较高，反之则比较低。各国都存在立法审批的预算调整和政府审批的预算调整。乔治（Hale, George E）和道格拉斯（Scott R. Douglas）认为重新计划是"政府官员在一个科目或者预算账户内重新分配资金"①。重新计划需要核心预算机构的审议，这种情况代表了部门官员的选择自由。费舍尔（Fisher Louis）认为，调剂是资金从一个拨款账户到另一个拨款账户。② 乔治道格拉斯（Hale, George E. and Scott R. Douglas）认为，

① Hale G E, Douglass S R. The Politics of Budget Execution Financial Manipulation in State and Local Government [J]. *Administration & Society*, 1977, 9 (3): 367—378.

② Fisher L. *Presidential Spending Power* [M]. Princeton University Press, 1976.

调剂是科目之间的调整。调剂需要立法审议当局发表书面文件。① 可见，预算调整的管理并不是采用"一刀切"模式，而是应该对不同的预算调整区别对待。

根据预算调整幅度和影响范围的不同可以将预算调整分为全面预算调整和局部预算调整。中国学者（如刘明慧，马蔡琛）根据政府预算执行过程中，通常按照幅度和影响范围的不同把预算调整分为全面调整和局部调整两种情况。全面调整是指在政府预算在执行过程中，如遇特大自然灾害、战争等特殊情况，或遇国民经济发展过分高涨或过分低落，以及对原定国民经济和社会发展计划进行较大调整时，就有必要对政府预算进行全面调整。② 政府全面调整很少发生，只有在以上列举出的特殊情况下才会发生。局部调整是对政府预算做的局部变动，在政府预算执行中为适应客观情况的变化，重新组织预算收支平衡，这种情况是经常发生的。也是我们研究的主要内容。

根据预算调整所引起的资金变化方式可以将预算调整分为预算总额调整和预算结构调整。预算总额调整是指与年初审议通过的预算相比预算调整发生后预算总额后发生变化，预算总额调整又可以分为预算总额增加和预算总额减少两种情况；预算结构调整是指与年初审议通过预算相比预算调整发生后预算总额没有发生变化，但是在预算的收支结构发生了变化。

根据预算的收支体系将预算调整分为收入预算调整和支出预算调整。收入预算调整是指与年初审议通过的预算相比预算收入发生变化，具体包括预算收入增加、预算收入减少和预算收入结构变化；支出预算调整是指与年初审议通过的预算相比预算支出发生变化，具体包括支出增加、支出减少和支出结构变化。预算调整的分类无法穷尽，但是分类的目的却都是为了更深入地研究预算调整。

---

① Adel. Abu Tuha. Administrative Discretion in Budget Execution: The Case of Georgia. phd diss. Georgia State University, 1979: 19—20.

② 刘明慧. 政府预算管理 [M]. 北京：经济科学出版社，2004.8：205—206.

三、预算调整的方式

国内外的预算调整研究大多通过列举的方式提出各种预算调整方式。

(一) 国外预算调整方式

国外的预算调整研究中并没有提出统一、全面的预算调整方式，但是很多学者基于自己的研究总结了一些预算调整方式。乔治和道格拉斯（Hale, George E. and Scott R. Douglas George）提出了五种主要的预算调整方式：（1）保守估计专项资金收入（2）会计操作（3）调剂（4）重新立项（5）专项资金滥用。[①] 阿布图哈（Abu Tuha）在他的博士学位论文中最早将预算自由裁量权区分为来源和手段，他认为预算执行过程中行政自由裁量权的三种手段分别是：重新计划（reprogramming）、调剂（transfers）和净偏差或少支出（net deviation or underspending）。此外，三种来源分别是：多目的资金（funds for multi-dimensional purpose）、低估机构财政资源（underestimation of agency financial resourses）和预备费（retainable funds）。[②] 支出部门的自由裁量权直接决定了其预算调整的范围，因此，三种自由裁量的手段均属于预算调整方式的范畴。他还指出，对某个部门来说，即使总支出等于总拨款，部门仍然可以将一部分拨款支出用在与拨款法案不同的目标上。项目管理者通过下列技术可以扩大预算执行中的自由裁量权。除了少花和超支，还包括支出时间（timing of obligations or expenditures）、扣留（impoundments）、行政承诺（executive

---

① Hale. George E. and Scott R. Douglas. The Politics of Budget Execution: Financial Manipulation in State and Local Government. *Administration and Society*, 1977, 9 (3): 367—378.

② Adel. Abu Tuha. Administrative Discretion in Budget Execution: The Case of Georgia. phd diss. Georgia State University, 1979: 19—20.

commitments）、重新计划（reprogramming）、调剂（transfers）、低估部门收入（underestimation of agency revenues）、宽泛授予（broad grants）、专项资金（special funds），应急资金（contingency funds）、隐蔽财政（covert financing）、机密资金（confidential funds）和会计操作（accounting "game"）这些自由裁量技术中的"少花和超支、支出时间（提前或拖延）、扣留、重新计划、调剂、应急资金和会计操作"都属于预算调整的方式。① 重新计划（reprograming）是总额内的资金调整，一个主要的支出目标之内、总额拨款内、拨款账户内，或者同一科目之内的资金调整。② 调剂也是资金总额内的调整，然而，它们是一些主要支出目标之间的调整，拨款账户之间的调整，整笔拨款之间的调整或科目之间的调整。③ 一些行政管理者可能利用非法的会计程序隐藏行政自由裁量权的手段和来源。能够使簿记产生表面上的而不是实际上的平衡。这种人工平衡或多或少可能发生在很多预算类别中。④ 因此，会计操作是行政官员操纵拨款和支出关系的有效方式。然而，会计操作很难被准确测量，阿布图哈（Abu Tuha）在研究中放弃了对会计操作的测量。少花或超支、支出时间的提前和拖延、扣留、和会计操作会直接导致预算执行与预算案发生偏离，产生预算调整。

鲁宾提出，预算通过一系列技术性因素与环境相适应，包括追加拨款、削减开支、递延支付、重新计划、应急基金和资金间的调拨。⑤ 资金间的调拨根据调拨的范围属于重新计划或者资金调剂的内容，这些适应

① Adel. Abu Tuha. Administrative Discretion in Budget Execution: The Case of Georgia. phd diss. Georgia State University, 1979: 195.

② Adel. Abu Tuha. Administrative Discretion in Budget Execution: The Case of Georgia. phd diss. Georgia State University, 1979: 20—25.

③ Adel. Abu Tuha. Administrative Discretion in Budget Execution: The Case of Georgia. phd diss. Georgia State University, 1979: 20—25.

④ Robert A. wallace, Congressional Control of Federal Spending Detroit: Wayne Srate University Press, 1960: 65

⑤ ［美］鲁宾. 公共预算中的政治：收入与支出、借贷与平衡（第4版）［M］. 叶娟丽，马骏译. 北京：中国人民大学出版社，2001：257.

环境的技术因素都属于预算调整的方式。总结得之，国外文献中提到的预算调整方式主要有：重新计划、资金调剂、提前和递延支付、扣留、会计操作、预算追加、削减开支等。

（二）国内预算调整方式

国内学者关于预算调整方式种类也有一些不同观点。马蔡琛认为，预算调整具体包括动用预备费、追加追减预算、经费流用和预算划转等几种情况。① 刘明慧认为，预算调整的措施主要有预算的追加、追减和预算划转两种形式。②

预算追加是指在年初预算之外，增加预算收入或支出数额称追加预算；减少收入或支出数额称预算追减。国内外关于预算追加和追减的理解基本是一致的，不存在什么异议。而对其他预算调整方式的理解就有一些不同了。在中国，经费流用也称科目流用，是指在保证完成各项建设事业计划又不超过原定预算支出总额的情况下，由于预算科目之间调入、调出和改变资金用途而形成的预算资金的再分配。根据上文提到的重新计划和调剂的定义，经费流用应该与重新计划重合性更高。费舍尔（Fisher Louis）认为重新计划指"在拨款账户内允许行政官员一定的调整幅度，从一个项目调整到另一个项目"③。国外的预算调整研究将预算资金的结构调整区分为调剂和重新计划两个层次，国内相应的预算调整方式是经费流用，但是没有分层。预算划转，是指由于预算隶属关系发生改变，引起预算收入和预算支出在不同预算级次、部门或地区之间的调整。预算划转有三种情况：中央预算和地方预算之间的划转；地方各级预算之间的划转；部门之间的划转。④ 动用预备费，在预算执行过程

---

① 马蔡琛. 政府预算 [M]. 大连：东北财经大学出版社，2007：202—204.

② 刘明慧. 政府预算管理 [M]. 北京：经济科学出版社，2004：206.

③ Fisher Louis. *Presidential Spending Power*. Princeton：NY：Princeton University Press, 1975.

④ 中国社会科学院财政与贸易经济研究所. 人大代表政府预算知识 [M]. 北京：中国民主法制出版社，2008：118.

中，如果发生较大的自然灾害和经济上的重大变革，发生原来预算没有列入而必须解决的临时性开始的情况，可以动用预备费。总预备费一般应控制在下半年使用，并经过一定的程序批准。中央预备费的动用要经国务院批准，地方预备费的动用要经地方人民政府批准。批准安排的支出按其实际用途分别列入各类、款、项的预算支出科目中，年终执行结果不反映在总预备费科目中，财政总预算会计也不对预备费进行账务核算。

不同国家、不同政府层级、不同部门甚至同一主体在不同时期所采用的预算调整方式可能都是不同的，笔者也无法穷尽所有预算调整方式建立一个统一的、全面的预算调整方式模型。这里仅仅将国内外学者列举的预算调整方式汇总。

国内外学者提到的预算调整方式包括：重新计划、资金调剂、提前和递延支付、扣留、会计操作、预算追加、削减开支、经费流用、预算划转、动用预备费等。笔者将在国内外学者预算调整方式研究的基础上根据中国中央部门预算执行实践构建中国中央部门预算调整方式分析框架。

四、预算调整问责

财政问责是预算调整承担的相应受托责任，同样地预算调整问责是预算调整承担的受托责任。预算调整目标定位为预算调整问责设定了依据，预算调整问责主要通过权威问责和社会问责来保障预算调整目标的实现。

（一）预算调整目标定位

关于预算调整的目标如何定位面临着困境："好的结果"和"好的程序"都无法保证"好的结果"真实发生。因此另辟蹊径设定了新的预算调整目标定位标准。

1. 以"好的结果"为目标

20世纪90年代以来在西方国家特别是OECD国家特别崇尚新绩效预算。新绩效预算的思路是，与政府绩效相关的是社会目标与结果，而并非机构的直接产出或活动。因此，与公共利益相关的，并非是政府购买了何种物品（即投入）。新绩效预算或者以结果为导向的预算，是要把预算的重点定位到结果上来。① 虽然新绩效预算提倡"结果导向"，但是以"好的结果"为目标未必能保证预算调整真的产生"好的结果"。首先，我们无法同时获得年初预算执行结果和调整后预算执行结果并进行对比，只能通过主观预期结果的对比来选择是否进行预算调整或者怎样进行预算调整；其次，政府与企业不同，其目标具有多元性，政府并不追求唯一的经济价值，社会价值是其更重要的目标，因此对预算调整结果的测量非常困难。总之，以"好的结果"为目标来决定是否进行预算调整或者怎样进行调整操作起来非常困难，也未必能够保证"好的结果"的产生。

2. 以"好的程序"为目标

只要有一个好的预算程序，预算执行结果就是好的吗？只要遵守程序的预算调整就是"好"的预算调整？这首先要考察一个国家是否拥有"好"的程序，其次"好"的程序并不一定导致好的结果。到目前为止，中国尚未建立起完全意义上的现代预算制度，预算调整的界定、规则和程序都存在很多问题，"好"的程序尚未建立起来。好的程序是非常必要的，但是并不能确保好的预算结果。希克指出，即使有"好的程序"还存在以下问题：首先，预算中的"好的程序"不关心结果。也就是说，它并不关心支出多或是少，不关心更高或更低的税收，不关心预算平衡或不平衡，不关心上升或稳定的债务负担，也不关心其他的预算结果。

---

① ［美］约翰·L·米克塞尔. 公共财政管理：分析与应用［M］. 北京：中国人民大学出版社，2005：218.

它只关心一点，是否遵循了"好的预算程序"的那些原则或标准。① 如果遵守预算调整程序进行的预算调整即使债务负担上升，甚至是降低了公共财政资源的效率都是"好"的预算调整。

其次，"好的程序"未必能保证好的结果。在西方国家，预算中的"好的程序"是政治中立的，无论是哪一个政党执政，即使是一个倾向于扩张财政总额的政党上台，只要它遵循了"好的程序"，那么，结果也是合理正确的。因此，实际的预算结果就取决于政治和经济情况的变化，而与预算程序无关。这种"好的程序"的支出控制模式使得政治家能够非常自由地改变预算来满足他们的需要。也就是说，"只要政治意愿通过规定的程序来实现，那么，它就是不受约束的"②。在中国预算程序或规则仍然由立法机关或者政府相关部门制定，他们制定的规则是否完善受制于这个国家经济和政治环境，一些官员尤其是行政首长仍然能够通过规定的程序实现他们的个人意愿。

其三，过分关注程序会导致对结果的忽略。实施"好的程序"使得预算控制者要做的事越来越多，并使得他们关心的重点逐渐转移到监督预算参加者是否遵守各种程序与规则而不是预算结果是否真的合理正确。③ 一味地控制预算执行中的预算调整或者只关注预算调整是否遵守程序并不一定能带来好的预算结果。

综上所述，无论以"好的结果"为目标还是以"好的程序"为目标都无法保证预算调整真正产生"好的结果"。

3. 以"有效控制"为目标

公共资源是有限的而民众的需求无限的，因此在任何时候公共预算都必须建立控制取向的目标。希克（A. Schick）提出了公共预算有三个

---

① Schick, Allen. The role of fiscal rules in budgeting [J]. *OECD Journal of Budgeting*, 2003, 3 (3): 8—34.

② Schick, Allen. The role of fiscal rules in budgeting [J]. *OECD Journal of Budgeting*, 2003, 3 (3): 8—34.

③ Schick, Allen. The role of fiscal rules in budgeting [J]. *OECD Journal of Budgeting*, 2003, 3 (3): 8—34.

基本目标：总额控制、配置效率和运作效率，[①] 一般来说，总额控制包括对所有公共预算收支的控制，配置效率是包括消费性支出和转移支付资金的，而运作效率一般是公共预算支出中的政府消费支出。为了使公共预算的目标更具有全面性，笔者将公共预算的第三个目标调整为管理效率，[②] 包括所有公共收支的管理效率。预算调整作为预算过程的一部分必须与这三个目标保持一致，笔者也设定相应的三个预算调整目标：预算调整总额控制、预算调整配置效率和预算调整管理效率，以此来达到"有效控制"的目标。

总额控制是指对财政收支总额的控制，那么预算调整总额控制就是控制预算执行中随意追加追减预算总额。财政总额控制要求支出（和其他预算）总额在对预算的各个不同部门作出决定之前就确定下来，并且不受其干扰。如果不这样做，支出总额将会无可避免地增加以适应需求。财政支出总额必须相当明确——应该制定硬限制而不是软目标——而且必须在支出发生的同时在整个财政年度强制执行，不只是在准备预算的时期才是如此。另外预算总额必须能够通过可以使政府年复一年地保持其财政制度的政策和手段维持中到长期的时间跨度。[③] 希克所认为的要"在整个财政年度强制执行"，就不仅包括了预算编制阶段的总额控制，也包含了预算执行过程的总额控制也就是预算调整总额控制。希克还指出，要保持财政总额控制就必须强制施行，不能随意增加收入或追加支出的限额。[④] 如果预算编制阶段实现了总额控制而在预算执行过程中突破了总额控制，那么预算编制阶段的总额控制就毫无意义了。预算执行只

---

① ［美］艾伦·希克. 当代公共支出管理方法 ［M］. 王卫星译. 北京：经济管理出版社，2000：12.

② Bartle, John & Jun Ma. *Managing financial transactions efficiently* ［M］// Aman Khan & W. Bartley Hildreth. Eds. Financial Management Theory in the Public Sector. Westport, CT: Greenwood Publishing Group Inc, 2004.

③ ［美］艾伦·希克. 当代公共支出管理方法 ［M］. 王卫星译. 北京：经济管理出版社，2000：12.

④ ［美］艾伦·希克. 当代公共支出管理方法 ［M］. 王卫星译. 北京：经济管理出版社，2000：12.

有通过调整才能突破总额控制，因此，预算执行阶段的总额控制突出表现为预算调整总额控制。

配置效率是指政府根据公共项目实现其战略目标的效果的基础上对资源进行分配的能力。它要求政府具有将资源从旧有的优先项目转移到新的优先项目以及从效果差的项目转移到效果好的项目的能力。[①] 预算编制阶段是对公共预算资金进行分配的过程，但是资源分配并没有伴随着预算编制的完成而结束，预算执行中的预算调整仍对配置效率具有重要的意义。预算调整配置效率是指，预算执行中公共管理者依据新的目标优先次序所进行的预算结构调整对资源进行分配的能力，具体的预算调整方式包括经费流用、预算调剂、挪用和动用预备费。预算资金的配置过程是一个政治过程，因此预算调整配置效率不仅仅关注预算调整的预期结果评估，而且还关注预算调整是否符合规则，项目优先性的变化是否符合立法机关和民众的意志，本书只从后两个标准检验预算调整配置效率。

管理效率是公共管理者组织和管理公共预算资金的效率。希克在《当代公共支出管理方法》中使用了"运作效率"一词，他定义的运作效率概念比较狭窄。运作效率是政府机构运作的效率，即政府机构所花费的资源与这些资源形成的产出之间的比率。[②] 根据希克的定义，配置效率包括全部公共预算资金，而运行效率只包括政府消费性支出[③]不包括转移支付。这样的定义显然过于狭窄，笔者使用管理效率涵盖全部公共预算资金的管理效率。立法机构审议通过的预算案具有法律效力不可随意调整，因此预算调整管理效率必须是控制取向的。在预算执行中需要考

---

① ［美］艾伦·希克. 当代公共支出管理方法［M］. 王卫星译. 北京：经济管理出版社，2000：89.

② ［美］艾伦·希克. 当代公共支出管理方法［M］. 王卫星译. 北京：经济管理出版社，2000：111.

③ 政府消费支出直接表现为政府购买商品和劳务的活动，它既包括政府购买开展行政事业活动所需要的物质资料，以及相应支付的工资费用，也包括政府投资性活动对物质资料的购买和工资性支出。

虑这样四个问题：控制、灵活性、协调和激励。① 在预算执行中控制不必要的预算调整发生，同时授予预算执行部门必要的灵活性，从而达到控制和灵活性的均衡，协调各个部门之间的利益关系并激励公共管理者使有限的资源发挥更大的价值。控制和灵活性的均衡是预算调整管理效率的第一要素，协调和激励是更高层次的追求。希克认为，政府在能够安全地转向内部控制之前必须初步建立起外部控制，而且它必须在拥有了健全的内部控制之后才能处理投入和产出的广泛的灵活性和责任交付给管理者。② 中国只有先建立强有力的外部控制，然后建立内部控制并最终建立责任控制。因此，建立强有力的外部控制是中国实现预算调整管理效率的第一步。

（二）预算调整与预算调整问责

财政问责是预算调整承担的相应受托责任，同样地预算调整问责是预算调整承担的受托责任。预算调整问责是保障预算调整行为不偏离预算调整目标。下面介绍预算调整问责的相关主体及实现问责的基本方式。

1. 预算调整问责的含义

现代意义上的问责概念脱胎于财政问责，进入 20 世纪问责开始超越财政概念与政治密切联系起来，并发展成为民主治理的标准并成为"好的治理"的代名词。③ 为了适应政治问责研究的需要，谢尔德（Schedler A.）从社会关系的角度对这个概念进行了重构。他认为政治问责概念包括两个基本的含义：官员对自己的行为或活动负责（answerability），这主要指"公共官员有义务告知和解释他们正在做什么"；强制（enforce-

---

① Bartle, John & Jun Ma. *Managing financial transactions efficiently* ［M］// Aman Khan & W. Bartley Hildreth. Eds. Financial Management Theory in the Public Sector. Westport, CT: Greenwood Publishing Group Inc, 2004.

② ［美］艾伦·希克. 当代公共支出管理方法 ［M］. 王卫星译. 北京：经济管理出版社, 2000: 113.

③ 马骏. 政治问责研究：新的进展 ［J］. 公共行政评论, 2009 (2)：22—47.

ment），即"问责机构有能力对违反他们的公共职责的权力使用者施加惩罚"。[1] 实质上，这样定义的政治问责概念，包含了三种基本的防止滥用政治权力的方式：监督，即权力的使用者有义务以一种透明的方式来使用权力；辩护，即权力的使用者必须对其行动提供说明和解释；强制，即权力的使用者将受到潜在的惩罚的约束。这三者结合起来就使得政治问责变成"一个对付各种实际发生了的以及可能出现的滥用权力的，多维度的事业"[2]。政治问责的重构也赋予财政问责更加丰富的意义，预算调整问责作为财政问责的一部分也随之丰富起来。同样地，预算调整问责也包括两个基本含义：公共官员对自己的预算调整行为负责，这主要是指公共官员必须提供他们预算调整的决策信息，包括：为什么要进行预算调整、预算调整的方案是什么、将会产生什么样的预期效果；强制是指问责机构有能力对公共官员的预算调整行为进行审查并且对违反规则的预算调整行为具有施加惩罚的职权。

2. 预算调整问责的相关主体和基本形式

问责从本质上来说是问责方和被问责方的相互对话和制约机制。预算调整问责相关主体和基本形式介绍了相关主体的对话方式和内容，以及制约与被制约的关系和形式。

（1）预算调整问责相关主体

预算调整问责体现的相关主体包括支出部门、核心预算机构/预算管理部门、立法机关及其代理机关、审计机关和民众。在这些预算调整主体之中，包括两层问责关系：

第一层，支出部门和核心预算机构/预算管理部门是被问责方，他们必须保证预算信息及时、全面、真实地公开，并为他们的预算调整行为提供"辩护"，告诉问责方他们的预算调整行为是必要的，他们将怎样进

---

① Schedler, A. *Conceptualizing Accountab ility* [M]. In Schedler, A. , Diamond, L. & P lattner, M. Eds. The Self-restraining State. Boulder: Lynne Rienner, 1999: 14.

② Schedler, A. *Conceptualizing Accountab ility* [M]. In Schedler, A. , Diamond, L. & P lattner, M. Eds. The Self-restraining State. Boulder: Lynne Rienner, 1999: 14.

行调整以及他们调整后预期会达到何种结果；另一方面，立法机关及其代理机关和民众可以根据被问责方提出的预算调整信息及其辩护信息对被问责方的预算调整行为进行监督，考察被问责方（预算调整主体）的预算调整行为是否达到了预算调整的目标：是否遵守了预算调整程序，是否达到了控制目标，是否有利于产生好的结果。为了保证预算调整目标的实现，审计机关必须对预算调整行为进行审查，对于偏离预算调整目标的行为根据程度不同其责任主体必须接受相应的惩罚措施，违反了法律严重偏离预算调整目标的预算调整行为由审计机关移交司法机关处理，接受司法机关的审判甚至国家机器的制裁。

第二层问责关系的问责方是核心预算机构/预算管理机构，被问责方是支出部门。支出部门的预算调整行为在接受其他部门问责之前首先要接受核心预算机构/预算管理机构的问责。一般情况下在行政体制中，核心预算机构/预算管理机构和支出部门并列设置，然而实质上他们存在着一层领导与被领导的关系，支出部门必须保证他们的预算调整信息对核心预算机构/预算管理机构是公开的，并为他们的预算调整行为辩护，核心预算机构/预算管理机构有权力对支出部门的行为进行审查并且有权拒绝支出部门提出的偏离目标的预算调整申请。

（2）预算调整问责基本形式

预算调整问责的基本形式包括：权威问责和社会问责。权威问责又分为立法权威问责、行政权威问责和审计权威问责；社会问责一般是指预算调整公民参与。

根据预算调整幅度和内容的不同，较大幅度的预算调整属于立法权威问责的范畴，较小幅度的预算调整属于行政权威的范畴。立法权威问责是指部门或政府如果需要进行预算调整，必须编制预算调整方案向立法机关提出申请，立法机关在审查之后决定是否同意调整，只有在立法机关同意部门或政府提出的申请之后，部门或政府的预算调整行为方可实施。行政权威问责是指在行政机关内部，支出部门如果需要进行预算调整，必须编制预算调整方案向核心预算机构/预算管理机构提出申请，核心预算机构/预算管理机构对支出部门提出的申请进行审查，它审议通过之后，支出部门的预算调整方可实施。审计权威问责是指在预算调整发生后（一些国家在审计延伸到事中审计，但是事后审计比较普遍）审计机关对部门或政府的预算调整行为进行审计，并对违规违纪和违法的预算调整责任主体进行相应的惩罚。预算调整公民参与是指当部门或政府需要进行预算调整时，通过听证会等形式组织公民参与到预算调整中来，公民可以根据自己或自己所属群体的利益决定是否同意进行预算调整或者怎样进行预算调整。

第二章　中央部门及其预算调整

本章在描述中央部门的组成和运行的基础上，详细论述了中央预算管理部门的权能以及支出部门的预算调整行为策略。

一、中央部门及其预算管理

根据现行的预算分类体系，中央部门预算由中央部门一般预算和中央部门基金预算两大部分构成，而每一部分预算又都由收入预算和支出预算构成。根据部门预算的层次体系，中央部门预算分为：政府预算、部门预算、单位预算、基本支出预算/项目支出预算四个层次，相应地，预算调整管理体系也呈现一定的层次性。根据相关的法律法规笔者将预算调整管理体系分为三个层次：立法审批的预算调整、政府审批的预算调整和部门内部预算调整。预算过程充满着参与者之间的博弈，部门或者个人由于不同的诉求在预算执行中采取不同的策略。

（一）中央部门的组成及预算管理模式

本书的中央部门特指中央行政部门，这些中央部门在预算活动中扮演着不同的角色。世界各国的中央预算管理模式主要分为两种：集中式和分散式，中国的预算管理体制基本属于双轨预算管理体制。在中央部门中，支出部门向核心预算机构或预算管理机构——财政部和发改委提出资源申请，中央核心预算机构或中央预算管理部门根据各部门提出的申请进行资源配置。由于公共资源有限而需求无限，核心预算机构、政府首脑和立法机构又承担着资源保护的责任。

1. 中央部门的组成

根据 2018 年《深化党和国家机构改革方案》中央部门除国务院办公厅外国务院组成部门 26 个，包括：外交部、国防部、发展和改革委员会、教育部、科学技术部、工业和信息化部、国家民族事务委员会、公安部、国家安全部、民政部、司法部、财政部、人力资源和社会保障部、自然资源部、生态环境部、住房和城乡建设部、交通运输部、水利部、农业农村部、商务部、文化和旅游部、国家卫生健康委员会、退役军人事务部、应急管理部、中国人民银行、审计署。国务院直属特设机构 1 个：国务院国有资产监督管理委员会；国务院直属机构 10 个，包括海关总署、税务总局等；国务院直属事业单位 9 个，包括新华通讯社、中国科学院、国务院发展研究中心等；国务院办事机构 4 个：国务院研究室；国务院部委管理的国家局 17 个：国家粮食和物资储备局、国家能源局等。本书的中央部门特指中央行政部门包括：国务院及其组成部门、国务院直属特设机构、国务院直属机构、国务院办事机构、国务院直属事业单位和国务院部委管理的国家局。为了还原数据发生时间的真实性本书实证部分的部门名称均为当年的部委名称（比如：2000 年的审计数据采用的是 2000 年的部门名称，2008 年的数据采用 2008 年的部门名称）。

2. 中央部门预算管理模式

世界各国的中央预算管理模式主要分为两种：集中式和分散式。预算制度发达的国家更多采用集中型的核心预算机构模式，而预算制度不太成熟的国家通常都或多或少地采取分散模式，当然也有例外情况存在。在集中型模式下，在每级政府内部将预算权集中到一个核心预算机构，并由它在政府内部实施集中统一的控制。在许多国家，核心预算机构就是财政部门或者设在财政部内部（例如英国和法国的财政部），而某些国家则设置了专门的预算机构来承担预算审查的任务（例如美国的 OMB）。在一些国家，核心预算机构或者是放在政府首脑的办公室之下的（如美国），或者在总理办公室之下的（如泰国），或者在计划机构之下（如韩国），或者组织成一个独立的机构（如澳大利亚），或者是一个独立的部（如法国）。①

在议会制国家，如英国、法国和德国，财政部拥有广泛的财政和经济职能，但是以预算审查为主；而在总统制国家，如美国、菲律宾、墨西哥和巴西等，存在一个统一、完整的核心预算机构，这个核心预算机构除了具有广泛的财政和经济预算审查职能之外，他们还具有项目评估、项目管理、经济管理等职能。总之，总统制赋予了核心预算机构更加广泛的权力，而议会制主要是将预算审查权赋予了核心预算机构。②

在许多发展中国家，预算过程是零碎的，两个或者更多平等的机构对预算的不同部分负责。换言之，在行政预算体制内部，预算审查权和预算资金的分配权是由多个权力相等的预算机构所分享的。最典型的是一种"双轨预算"（dual budget），即一个负责社会与经济发展的计划委员会或计划机构负责资本预算或投资预算，而财政部负责经常性或运营预算。在有些国家（如印度尼西亚和埃及），预算审查权和分配权的分配则更加零碎。一个名义上的中央预算办公室负责运营预算，计划机构负责资本预算，人事机构负责决定雇员数量与雇佣方式，财政部门下面的一个专门机构负责收入预测。③ 这种模式使得资金分配权分散，有时容易弱化财经纪律，也不利于实现资源配置效率。此外，在某些情况下还必须建立相应的协调机制。然而，这种协调不是免费的，核心预算机构越多，协调成本也越高。

中国尚未建立真正意义上的核心预算机构，财政部、发改委、科技部等多个部门都存在预算分配权，预算管理机构呈现"零碎化"，但是财

---

① Premchand, A. *Public expenditure management* ［M］. Washington D. C.：IMF Publisher, 1993.

② Axelrod, Donald. *Budgeting for modern government* ［M］. New York：St. Martin's Press, 1988：69—70.

③ Axelrod, Donald. *Budgeting for modern government* ［M］. New York：St. Martin's Press, 1988：70.

政部和发改委是最主要的预算管理部门，财政部负责基本支出预算以及基本建设类项目、科技三项费用项目和农业综合开发项目之外的项目，而发改委负责基本建设项目、国债投资项目等投资性的项目，基本属于双轨预算管理体制。双轨预算管理体制必然存在协调问题，预算管理机构之间的推诿、扯皮和内耗现象不可避免，中国的财政部和发改委之间也存在内耗。财政部负责发改委负责的基建性项目资金的审核和测算，项目的具体审批、核准、和投资计划的下达由发改委负责，而项目资金的拨付由财政部负责。国务院并没有出台专门的文件对财政部和发改委负责的项目进行区分，只是以项目的功能进行简单区分，造成管理上的混乱。财政部和发改委在职能区分的模糊以及预算管理双轨体制增加了预算执行中预算调整行为，不利于实现预算调整问责。

3. 中央部门的预算运行

公共预算是一个汲取和使用财政资源的过程。在这个过程中，有各种各样的预算行动者参与预算活动。不同的行动者有着不同的利益需求，因此，需要建立各种制度来规范行动者之间的关系，约束行动者的行为。希克提出了预算的三个基本要素：资源申请者、资源保护者、资源配置者。[①] 希克的基本要素可以进一步推广到预算执行过程。在预算执行中，预算有两个基本要素：资源使用和资源保护。在预算执行过程中，资源申请者（支出机构）就是资源的使用者。核心预算机构、政府首脑和议会则在预算执行过程中继续发挥资源保护的作用，监督支出部门的支出行为，防止资金被滥用、挪用和贪污等。在预算执行中，资源保护还要求政府能够有效率地组织和管理财政交易。

在中国中央部门中，支出部门向核心预算机构或预算管理机构——财政部和发改委提出资源申请，资源申请是指根据预算过程的程序和规则形成的关于资源的请求，在一些研究预算的文献中一般称为预算申请（budgetary request）。中央核心预算机构或中央预算预算管理部门根据各

---

① Schick Allen. *A Contemporary Approach to Public Expenditure Management*. World Bank: Washington, DC, 1998: 9—15.

部门提出的申请进行资源配置。资源配置是指根据预算过程的特定程序与规则，将资源配置到提出资源申请的政府机构或者项目。资源配置活动之所以必须，是因为各个政府机构的资源申请加总之后经常超过可供分配的资源。如果资金是充裕的，所有的预算要求都可以满足，那么，预算过程就没有存在的必要。预算本身就意味着某些预算要求会得到满足，有些则无法得到满足。所以，在预算申请和资源配置之间存在着另一个非常重要的预算活动。希克将这种居于资源申请和资源配置之间的预算活动称为资源保护（conserving resources）。① 资源保护的责任主要由核心预算机构、政府首脑和立法机构来承担。资源保护的主要功能是对于各个支出机构的预算要求进行评估和筛选，同意某些预算要求而拒绝另一些预算要求，支持那些有生产效率的资源申请而抵制那些没有效率的资源申请。资源保护活动必须贯穿于整个预算过程以保证预算执行过程中公共资源按照年初的资源配置进行，但是预算申请和资源配置并没有伴随预算编制阶段的结束而结束。在预算执行过程中，支出部门仍企图提出追加预算申请，核心预算机构或预算管理部门也意图对年初的资源配置进行调整，这时就需要立法机构进行必要的资源保护了。

（二）中央预算管理机构权能分析

中国的预算管理体制基本属于双轨预算管理体制，财政部和发改委是最主要的预算管理机构，中央预算管理机构的权能分析主要包括财政部和发改委的权能分析。

1. 财政部权能分析

根据国务院对财政部的职能定位，财政部是中央部门各项财政收支活动的管理机构，负责政府公共预算、国有资本经营预算和社会保障预算的审核、编制和汇总管理。

（1）财政部预算管理职能

---

① Schick Allen. *A Contemporary Approach to Public Expenditure Management*. World Bank：Washington, DC, 1998：9—15.

根据国务院对财政部的职能定位，财政部的职能主要包括：宏观经济管理、财税制度设计和预算管理，其中预算管理包括政府公共预算、国有资本经营预算和社会保障预算的管理。财政部的预算管理职能主要包括以下几个方面："（1）承担中央各项财政收支管理的责任。负责编制年度中央预决算草案并组织执行。受国务院委托，向全国人民代表大会报告中央、地方预算及其执行情况，向全国人大常委会报告决算。组织制订经费开支标准、定额，负责审核批复部门（单位）的年度预决算。完善转移支付制度。（2）负责政府非税收入管理，负责政府性基金管理，按规定管理行政事业性收费。管理财政票据。制定彩票管理政策和有关办法，管理彩票市场，按规定管理彩票资金。（3）组织制定国库管理制度、国库集中收付制度，指导和监督中央国库业务，按规定开展国库现金管理工作。负责制定政府采购制度并监督管理。（4）负责组织起草税收法律、行政法规草案及实施细则和税收政策调整方案，参加涉外税收谈判，签订涉外税收协议、协定草案，制定国际税收协议和协定范本，研究提出关税和进口税收政策，拟订关税谈判方案，参加有关关税谈判，研究提出征收特别关税的建议，承担国务院关税税则委员会的具体工作。（5）负责制定行政事业单位国有资产管理规章制度，按规定管理行政事业单位国有资产，制定需要全国统一规定的开支标准和支出政策，负责财政预算内行政机构、事业单位和社会团体的非贸易外汇和财政预算内的国际收支管理。（6）负责审核和汇总编制全国国有资本经营预决算草案，制定国有资本经营预算的制度和办法，收取中央本级企业国有资本收益，制定并组织实施企业财务制度，按规定管理金融类企业国有资产，参与拟订企业国有资产管理相关制度，按规定管理资产评估工作。（7）负责办理和监督中央财政的经济发展支出、中央政府性投资项目的财政拨款，参与拟订中央建设投资的有关政策，制定基本建设财务制度，负责有关政策性补贴和专项储备资金财政管理工作。负责农业综合开发管理工作。（8）会同有关部门管理中央财政社会保障和就业及医疗卫生支出，会同有关部门拟订社会保障资金（基金）的财务管理制度，编制中央社会保障预决算草案。"①

（2）财政部在预算编制过程中的具体职责

"两上两下"是典型的部门预算编制流程，中央部门预算编制也采取这个流程。在中央部门层级，预算过程始于"一上"，即支出部门先向财政部上报预算建议数。在财政部确定的预算基本原则下，各支出部门组织本部门和下属单位编制预算，然后层层汇总，最后由一级预算单位审核汇编成部门的预算建议数，连同与预算需求相关的基础数据和相关资料，一起上报给财政部。

所谓的"一下"是财政部下达预算控制数给中央各支出部门。"一上"之后，财政部预算司对部门的预算建议数进行审核，然后由预算司审核、平衡，最后汇总成本级预算初步方案报国务院，经批准后向中央各部门下达预算控制限额。

"二上"是指各部门根据财政部下达的预算控制数，编制部门预算草案并上报财政部的过程。

"二下"是指财政部门根据人民代表大会批准的政府预算草案批复部门预算的过程。"二上"后即财政部审核中央各部门上报的预算草案后，把所有部门的预算草案按支出汇总成按支出功能分类编制的中央本级政府预算草案和部门预算，报政府审批后，再报全国人大预算工作委员会（以下简称预算工委）和全国财经委员会（以下简称财经委）审核，最后提交全国人大审议。根据《预算法》的规定，在人大批准预算草案后一个月内，财政部统一向各部门批复预算。中央各部门在财政部批复本部门预算之日起 15 日内，批复所属各单位的预算，并负责具体执行。

在整个预算编制过程中，财政部通过预算控制数来实现对中央各部门的总额控制，财政部在"一下"过程中向中央各支出部门下达的控制数在预算执行中也对中央部门预算执行中的预算总额调整形成约束。另

---

① 国务院. 中华人民共和国财政部主要职能 [EB/OL]. [2011-04-11]. http://www.mof.gov.cn.

外，如果财政部批复预算的时间拖延会产生拖延、闲置等方式的预算调整。

（3）财政部的项目预算管理职责

财政部对国务院已研究确定的项目、经常性专项业务费用和跨年度支出项目必须优先安排资金。国务院已研究确定的项目，是指国务院已研究确定需由财政预算资金重点保障安排的支出项目。此类项目包括：（中国共产党）党中央、国务院文件中明确规定中央财政预算安排的项目（以相关文件为依据）；（中国共产党）党和国家领导人明确批示由财政予以安排、保障，且经国务院总理（或分管财政的国务院领导）同意的项目（以批示件为依据）；具备上述条件之一的，方可列为国务院已研究确定项目。[①] 经常性专项业务费项目，是指中央部门为维持其正常运转而发生的大型设施、大型设备、大型专用网络运行费和为完成特定工作任务而持续发生的支出项目。此类项目必须同时具备下列条件：已经（或将要）连续开支 10 年（含 10 年）以上的；大型设施、设备、网络或电子系统的运行维护费；政治特别费；"两会"经费；人大立法、监督经费；执法部门办案费；公安、安全特殊支出（正常维持等经费）、常例性的专项检查；监管、监测、审批、审查经费。[②] 跨年度支出项目，是指国务院已研究确定项目和经常性专项业务费项目之外延续的，经财政部批准（以财政部正式文件为准）并已确定分年度预算，需在本年以及以后年度继续安排预算的支出项目。[③]

财政部主体司负责横向分配预算指标的审核和测算。横向分配指标具体包括：发改委统管的基建、科工委统管的基建；教科文司统分的教育支出和科学支出；社保司统分的行政事业单位离退休经费。财政部负

---

① 财政部预算司. 中央部门预算编制指南（2007 年）[M]. 北京：中国财政经济出版社，2006：74—75.

② 财政部预算司. 中央部门预算编制指南（2007 年）[M]. 北京：中国财政经济出版社，2006：74—75.

③ 财政部预算司. 中央部门预算编制指南（2007 年）[M]. 北京：中国财政经济出版社，2006：74—75.

责的项目是基本建设类项目、科技三项费用项目和农业综合开发项目之外的项目。根据年度部门预算编制的要求，中央部门对其项目库中的项目，按照轻重缓急统一排序后才能向财政部申报。财政部对中央部门申报的项目进行审核后，对符合条件的项目，经商中央部门后，排序纳入财政部项目库。① 财政部核定各部门的项目支出预算，经全国人大批准后，按规定时间向中央部门批复预算。项目支出预算一经批复，中央部门和项目单位不得自行调整。预算执行过程中，如发生项目变更、终止、调整预算的，必须按照规定的程序报批。② 在全国人大批准项目支出预算后，财政部应该及时将预算批复到中央各支出部门和具体的项目管理单位，这关系到各个部门能否及时开展活动、提供公共服务、能否有效实施中央政策，并直接影响到公共预算资金能否发挥公共效益。部门预算改革前，财政部批复预算拖延的情况非常普遍，造成预算执行过程中拖延和资金闲置，产生预算调整。部门预算改革以来，预算编制更为细化，预算批复不及时的现象得到改善，然而预算批复不及时仍然是一个不容忽视的问题。预算的编制过程是一个资源的配置过程，预算安排直接影响到配置效率，然而配置效率只有通过预算执行才能真正实现。在人大批准预算案之后，财政部是否按照批准之后的部门预算的科目和项目批复预算，中央各部门是否按照批准之后的所属单位科目和项目批复预算，有无随意调整预算项目、调增调减预算金额、擅自改变资金用途等随意进行预算调整的问题。这些预算调整都会对配置效率产生影响。

2. 发改委权能分析

国务院在对发改委的职能定位中包括一些预算管理职能。发改委负责基本建设类和投资类等项目的审批、核准和下达投资计划的工作，从而实现对一些资本性支出的预算管理。

（1）发改委预算管理职能

———————————

① 财政部预算司. 中央部门预算编制指南（2007 年）[M]. 北京：中国财政经济出版社，2006：79.

② 财政部预算司. 中央部门预算编制指南（2007 年）[M]. 北京：中国财政经济出版社，2006：80.

发改委的前身是国家计划委员会，1998年机构改革中更名为国家发展计划委员会，2003年机构改革中国家发展计划委员会改组为国家发展改革委员会，其职能也发生相应改变，将国家经贸委的职能并入发改委，2008年机构改革中要求减少发展改革委员会微观管理事务和具体审批事项，集中精力抓好宏观调控。2023年《国务院关于机构设置的通知》中对发改委的职能进行了详细的描述，其中与公共预算管理相关的内容包括："①拟订并组织实施国民经济和社会发展战略、中长期规划和年度计划。牵头组织统一规划体系建设。负责国家级专项规划、区域规划、空间规划与国家发展规划的统筹衔接 。②统筹提出国民经济和社会发展主要目标，监测预测预警宏观经济和社会发展态势趋势，提出宏观调控政策建议。综合协调宏观经济政策，牵头研究宏观经济应对措施。③负责投资综合管理，拟订全社会固定资产投资总规模、结构调控目标和政策，会同相关部门拟订政府投资项目审批权限和政府核准的固定资产投资项目目录。安排中央财政性建设资金，按国务院规定权限审批、核准、审核重大项目。规划重大建设项目和生产力布局。拟订并推动落实鼓励民间投资政策措施。参与拟订财政政策、货币政策和土地政策。"①

（2）发改委项目预算管理职责

目前，中国除了财政部拥有预算分配权的还有国家发改委、科技部等几个部门，与这些部门相关的项目都由这些部门批复。发改委主要负责重大项目的计划和分配工作，除财政部外，发改委拥有最大的预算分配权。"在年初预算的编制过程中，发改委对国债资金、国际收支、重大建设项目、重大外资项目、境外资源开发类重大投资项目和大额用汇投资项目拥有审核权、分配权和管理权。基本建设类项目，其他类项目中的科技三项费用项目、农业综合开发项目等，按照国家有关部门现行规定进行申报。"② 国家发展和改革委员会等有预算分配权的部门通过财政

---

① 中共中央办公室. 深化党和国家机构改革方案. 2018. 3. 22.

② 财政部预算司. 中央部门预算编制指南（2007年）[M]. 北京：中国财政经济出版社，2006：79.

拨款安排的基本建设项目和科学技术项目，按照有关规定进行申报。^① 其中发改委负责基本建设项目的审批和核准工作。

为规范和简化项目支出管理，项目支出预算编制过程中，同一个项目由多个部门承担或同一部门内部多个二级单位同事发生同一性质的项目支出，对项目的主管部门可实施项目"打捆"管理。"打捆"项目立项的基本条件是："同一个项目跨部门承担，如'211'工程、'863'工程等；同一个项目由同一个部门内部多个二级单位共同承担；同一部门内部多个二级单位发生同一性质的项目支出。"^② 需要明确的是：项目"打捆"管理仅限于预算编报的"一上一下"阶段，"二上二下"阶段则必须细化到明细项目和承担项目的基层单位；项目"打捆"管理不局限于延续项目，一次性项目符合上述条件的也可实施"打捆"管理。发改委负责管理的项目都属于重大项目，"打捆"项目很多，甚至在"二上二下"阶段之后还存在很多"打捆"管理的项目。"打捆"项目属于"预算不完整不细化"，发改委可以在预算执行中根据部门首长或者部门的意愿在相关部门间进行分配，立法机关对其的监督削弱。形成预算软约束。发改委在预算编制阶段"不完整不细化"，存在很多打捆项目，预算执行中，发改委不及时下达投资计划，就会造成资金的闲置。

二、中央部门的预算调整

根据现行的预算分类体系，中央部门预算由中央部门一般预算和中央部门基金预算两大部分构成，而每一部分预算又都由收入预算和支出预算构成。根据部门预算的层次体系，中央部门预算分为：政府预算、部门预算、单位预算、基本支出预算/项目支出预算四个层次，相应地，

---

① 财政部. 中央固定资产投资项目预算调整管理暂行办法 [Z]. 2007.6.12.
② 财政部预算司. 中央部门预算编制指南（2007年）[M]. 北京：中国财政经济出版社，2006：79.

预算调整管理体系也呈现一定的层次性。根据相关的法律法规笔者将预算调整管理体系分为三个层次：立法审批的预算调整、政府审批的预算调整和部门内部预算调整。笔者还构建了预算调整方式分析框架作为预算调整实证分析的工具。

（一）中央部门预算框架

根据现行的预算分类体系，中央部门预算由中央部门一般预算和中央部门基金预算两大部分构成，而每一部分预算又都由收入预算和支出预算构成。中央一般预算的支出内容由基本支出和项目支出构成；基金预算的收支内容主要是政府性基金收入和支出。见图2-1：

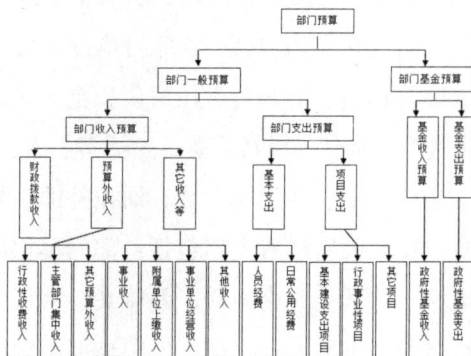

图2-1：部门预算基本框架①

中央部门一般预算收入（由收入预算表集中反映）包括行政事业单位的财政拨款、预算外资金收入和其他收入等。财政拨款收入"是指由中央财政部门拨款形成的部门收入。中央财政部门根据预算单位的基本支出预算、项目支出预算以及各方面收入来源情况，综合核定对某一单位的年度财政拨款额"②。预算外资金收入具体包括行政事业性收费、主

---

① 财政部预算司. 中央部门预算编制指南（2002）［M］. 北京：中国财政经济出版社，2002：45.

② 财政部预算司. 中央部门预算编制指南（2007）［M］. 北京：中国财政经济出版社，2006：61—62.

管部门集中收入和其他预算外收入三种类型："（1）行政事业性收费是指国家法律、法规规定以及国务院、财政部和国家发改委审批的行政事业性收费。（2）主管部门集中收入，是指部门（含代行政管理职能的总公司和行政性组织）按国家规定从所属企事业单位和社会团体集中的管理费及其他资金收入。（3）其他预算外收入，是指除上述收入意外的预算外资金，包括以政府名义获得的各种捐赠资金、国家行政机关派驻境外机构的非经营性收入、有偿使用回收资金中未纳入财政预算管理的部分，以及财政专户利息等。① 其他收入，包括上级补助收入、事业收入（指从事专业业务活动取得的收入）、事业单位经营收入、附属单位上缴收入、用事业单位基金弥补收支差额等。②"

中央部门一般预算基本支出包括部门及所属单位的人员经费和机关运转的公用经费。人员经费支出包括："部门单位人员的基本工资、津贴、奖励工资、取暖降温费、福利费、住房公积金、养老保险基金、医疗保险基金、离退休费、离休人员特需费、生活费、遗属补助、抚恤金、丧葬费、救济费、生活补贴、独生子女费、幼托补助、编制外长期聘用人员及临时工工资。日常公用经费支出包括：部门单位的办公费、印刷费、水电费、邮电费、取暖费、交通费、差旅费、会议费、培训费、招待费、劳务费、租赁费、小型维修费等。"③ 中央部门专项支出是指中央部门单位在基本支出之外为完成特定的工作任务或事业发展目标，编制年度各类专项支出计划。中央部门项目按照支出性质分为基本建设类项目、行政事业类项目和其他类型项目三大类。基本建设类项目是指按照国家关于基本建设管理规定，用基本建设资金安排的项目，基本建设类项目由发改委审批和核准。行政事业类项目，是指中央部门由行政事业费开支的项目。主要包括："由国家批准设立的有关事业发展专项计划、

---

① 财政部预算司. 中央部门预算编制指南（2007）[M]. 北京：中国财政经济出版社，2006：61—62.

② 财政部预算司. 中央部门预算编制指南（2007）[M]. 北京：中国财政经济出版社，2006：61—62.

③ 王秀芝. 部门预算制度研究 [M]. 北京：经济科学出版社，2007：62.

工程基金项目，经常性专项业务费项目，以及大型修缮、大型购置、大型会议等项目。其他类项目是指除上述两类项目之外的项目：用科技三项费用、农业综合开发、政策性补贴、对外援助、支援不发达地区支出等资金安排的项目。"①

按照《政府性基金预算管理办法》确定的政府性基金管理原则，政府性基金全额纳入预算管理，实行"收支两条线"，收入全额上缴国库，先收后支，专款专用；并且在预算上单独编列，自求平衡，其结余结转下年继续使用。目前，经国务院批准，中央政府性基金收入主要包括：电力建设基金收入、国家电影事业发展基金收入、库区维护建设基金收入、森林植被恢复收入、三峡工程建设基金收入、铁路建设基金收入、铁路建设基金收入、民航基础设施建设基金收入、港口建设费收入、民航机场管理建设费收入、烟草商业专营利润收入、碘盐基金收入、煤代油基金收入、水利建设基金收入、旅游发展基金收入、土地有偿使用基金收入、外贸发展基金收入、茧丝绸发展风险基金收入、文化建设事业费收入、育林基金、农网还贷基金等。② 中央部门基金支出主要包括：国家电影发展专项支出、残疾人就业保障金支出、政府住房基金支出、国有土地使用权出让金支出、城镇公用事业附加支出、农业发展基金支出、林业建设基金支出、库区维护建设基金支出、中央水利建设基金支出、港口建设费支出、民航基础设施建设支出等。

由于基金收入采取专款专用的管理方式，因此基金收入和基金支出基本是相对应的。

（二）中央部门预算调整层次

从新中国建立到 1978 年经济改革的很长一段时间内，我国实行的是

---

① 财政部预算司. 中央部门预算编制指南（2007）［M］. 北京：中国财政经济出版社，2006：74.

② 财政部预算司. 中央部门预算编制指南（2007）［M］. 北京：中国财政经济出版社，2006：39.

计划经济体制。计划在资源配置中起着决定性的作用，预算是计划的反应，是实施政策的工具。经济改革初期到预算改革前，中国的预算制度仍然延续计划经济的特征，采取传统的功能预算。传统的功能预算编制模式比较简单、粗糙，即将支出按其在经济建设中所起的功能进行分类、汇总，将收入按其经济性质进行分类、汇总。

功能预算将支出分为一般预算支出和基金预算支出，一般预算支出又根据其功能分为：基本建设支出、企业挖潜改造资金、各项分部门事业费和行政管理费。每一项功能支出都包括好多部门的支出，事业费和行政管理费是每个部门都需要的支出。根据功能预算，我们只能看到某一类功能的收支活动，而无法了解具体每个部门的预算活动，从而对预算的审查也更为困难，对预算执行中的违法违规行为的追究就更是难上加难了。

中央部门预算改革以来，各个部门要编制部门预算，部门预算是按部门分类编制预算，预算在部门下又根据部门行使的职能不同安排不同功能支出。部门预算改革推进的同时，政府收支分类改革也在同步进行。支出科目调整后（如图），按功能分类的类、款、项三级科目分别可以反映政府的经济管理活动、单个部门工作安排和单位的具体活动三个层次。而按经济分类使得部门或单位的基本支出和项目支出直接反映了各项活动的财政投入，可以很容易看出政府活动的成本，增加了财政管理的透明度，也为评估活动的效果提供了方便。①

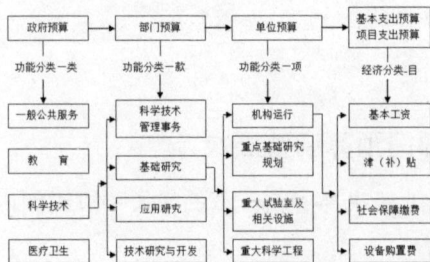

图2-2：新的支出科目设计图

① 中国发展研究基金会. 公共预算读本 ［M］. 北京：中国发展出版社，2008：37—38.

随着预算改革的推进，部门预算的实施和新的政府收支分类体系的使用，中央部门预算已经不像功能预算时期那样只包括功能类别一个层次，现在的中央部门预算分为：政府预算、部门预算、单位预算、基本支出预算/项目支出预算四个层次。中央部门预算执行中不同预算层次的预算调整应遵循的预算调整程序是不同的，相应地，预算调整管理体系也呈现一定的层次性。根据相关的法律法规笔者将预算调整管理体系分为三个层次：立法审批的预算调整、政府审批的预算调整和部门内部预算调整。

1. 立法审批的预算调整

需要编制预算调整方案交立法部门审查批准的预算调整为立法层预算调整。在目前看来，《预算法》中规定的调整属于立法层面的调整。《预算法》第七章预算调整第五十四条规定，各级政府对于必须进行的预算调整，应当编制预算调整方案。中央预算的调整方案必须提请全国人民代表大会常务委员会审查和批准。县级以上地方各级政府预算的调整方案必须提请本级人民代表大会常务委员会审查和批准；乡、民族乡、镇政府预算的调整方案必须提请本级人民代表大会审查和批准。未经批准，不得调整预算。立法层预算调整具体是指《预算法》第五十三条规定的"在执行中因特殊情况需要增加支出或者减少收入，使原批准的收支平衡的预算的总支出超过总收入，或者使原批准的预算中举借债务的数额增加的部分变更"内容。换言之，预算调整后会导致中央政府预算总支出超过总收入或者与年初预算相比要增加举债的情况属于立法层预算调整。只要通过预算调整可以实现政府预算收支平衡，那么就不属于立法层预算调整。无论是哪个层次的预算调整，其内容都不是一成不变的，如果《预算法》修订案对预算调整的具体内容进行重新界定，新《预算法》颁布实施后，立法层预算调整的具体内容也会进行相应改变。

2. 政府审批的预算调整

由政府或者预算管理部门（财政部）审查批准的预算调整属于政府层面预算调整。《实施条例》第六十一条规定："政府有关部门以本级预算安排的资金拨付给下级政府有关部门的专款，必须经本级政府财政部门同意并办理预算划转手续。"① 第六十二条规定："各部门、各单位的预算支出，必须按照本级政府财政部门批复的预算科目和数额执行，不得挪用；确需作出调整的，必须经本级政府财政部门同意。"② 也就是说中央部门的预算划转和预算科目之间的流用必须经财政部同意，因此这两项内容属于政府层预算调整。《全国人民代表大会常务委员会关于加强中央预算审查监督的决定》规定："五、……中央预算执行过程中，需要动用超收收入追加支出时，应当编制超收收入使用方案，由国务院财政部门及时向财政经济委员会和预算工作委员会通报情况，国务院应向全国人民代表大会常务委员会作预计超收收入安排使用情况的报告。……十、加强对预算外资金的监督。要采取措施将中央预算外资金纳入中央预算，对暂时不能纳入预算的要编制收支计划和决算。预算外资金的收支情况要向全国人民代表大会常务委员会报告。"③ 超收收入和预算外资金的收支情况需要及时向立法机关通报情况，但是其支出的决策权属于财政部门，因此，超收收入和预算外资金的收支变化属于政府层面预算调整。

2007 颁布实施的《中央本级项目支出预算管理办法》第二十八条规定："项目支出预算一经批复，中央部门和项目单位不得自行调整。预算执行过程中，如发生项目变更、终止的，必须按照规定的程序报批，并进行预算调整。"④ 2010 颁布实施的《中央固定资产投资项目预算调整管理暂行办法》第五条规定："已下达预算的投资项目，有以下情形之一的，可申请办理预算文件调整：（1）预算额度发生增、减变化；（2）项目名称发生变更；（3）项目预算科目发生变化；（4）项目主管部门、隶属关系、预算级次发生变更；（5）因国家法律、政策变化引起项目变更；（6）因不可抗力导致项目中止；（7）其他经财政部门确认的调整。"⑤ 第

① 国务院. 中华人民共和国预算法实施条例 [Z]. 1995.1.
② 国务院. 中华人民共和国预算法实施条例 [Z]. 1995.11.
③ 全国人民代表大会常务委员会. 全国人民代表大会常务委员会关于加强中央预算审查监督的决定 [Z]. 1999.12.
④ 财政部. 中央本级项目支出预算管理办法 [Z]. 2007.5.
⑤ 财政部. 中央固定资产投资项目预算调整管理暂行办法 [Z]. 2007.6.

六条规定："确需作出预算调整的投资项目，由财政部按有关规定审核同意后，下达投资项目预算调整文件。未经批准，任何部门、单位或个人均不得擅自调整预算、改变资金用途。"① 第七条规定："中央投资项目预算调整由项目主管部门（单位）向国务院投资项目审批部门和财政部提出申请；补助地方投资项目的预算调整由省级政府投资项目审批部门会同省级财政部门向国务院投资项目审批部门和财政部提出申请。"② 第五条规定的预算调整需要国务院投资项目审批部门和财政部的审批，因此属于政府审批的预算调整。

2002 年颁布实施的《中央本级基本支出预算管理办法（试行）》第十五条规定："中央部门及所属单位要严格执行批准的基本支出预算。执行中发生的非财政补助收入超收部分，原则上不再安排当年的基本支出，可报经财政部批准后，安排项目支出或结转下年使用；发生的短收，中央部门及所属单位应当报经财政部批准后调减当年预算，当年的财政补助数不予核减。如遇国家出台有关政策，对预算执行影响较大，确需调整基本支出预算的，由中央部门报经财政部批准后进行调整。"③ 可见，中央本级基本支出的超收或短收都属于政府层预算调整。

3. 部门内部预算调整

不需要立法部门、政府部门或者预算管理机构审批，支出部门可以自由裁量的预算调整属于部门内部预算调整。当前的法律法规中并没有规定部门内部预算调整的内容和程序。《中央本级基本支出预算管理办法（试行）》第十二条规定："中央部门在财政部下达的基本支出预算控制数额及财政拨款补助数额内，根据本部门的实际情况和国家有关政策、制度规定的开支范围及开支标准，在人员经费和日常公用经费各自的目级科目之间，自主调整编制本部门的基本支出预算，在规定的时间内报送财政部。"④ 这条法规规定了中央部门在基本支出预算的编制中拥有的

---

① 财政部. 中央固定资产投资项目预算调整管理暂行办法 [Z]. 2007.6.
② 财政部. 中央固定资产投资项目预算调整管理暂行办法 [Z]. 2007.6.
③ 财政部. 中央本级基本支出预算管理办法（试行）[Z]. 2007.7.
④ 财政部. 中央本级基本支出预算管理办法（试行）[Z]. 2002.7.

调整权力，尚不属于预算执行中的预算调整，仅仅具有一定的参照意义。也就是说，在类、款、项、目四级预算科目中，同一个项目中科目间的调整属于部门内部预算调整。

（三）中央部门预算调整方式

政府层级不同预算调整表现为不同的特点，本书以中央部门为例从资金调整方式和预算收支体系两个维度构建了中央部门预算调整方式分析框架，构建预算调整分析框架，通过对各类预算调整方式的测量了解中央部门预算调整问责的情况及其存在的问题。公共预算主要包括收入预算和支出预算，相应地预算调整也包括收入调整和支出调整；根据资金调整方式的不同预算调整还可以分为：总额增加、总额减少和结构变化的调整。通过对总额增加和总额减少的预算调整方式的测量可以检验预算调整总额问责的水平，通过对结构变化的预算调整方式的测量可以检验预算调整配置效率问责的水平。预算调整管理效率问责体现在预算调整的整个过程中，预算调整总额反映的是预算调整管理效率问责的水平。

具体来说，收入预算总额增加的预算调整方式包括：追加拨款、结余未清理、会计操作、超收收入和增加举债；支出总额增加的调整方式包括：追加支出、动用往年结余资金和动用预备费；收入总额减少的调整方式包括：预算削减和减少举债；支出总额减少的预算调整包括：拖延、闲置、支出削减和预算划转；支出结构变化的调整方式包括：经费流用、预算调剂、挪用和动用预备费。如表2-1。

预算追加是指在年初预算之外，增加预算收入或支出，然而这样笼统地说不利于对收入和支出进行分析，也不利于对预算管理部门和支出部门进行分析。笔者将预算追加分为追加拨款和追加支出两类，只有预算管理部门才能追加拨款，支出部门接受追加拨款后可以追加支出也可以通过预算外收入或者超收收入追加支出。不论追加拨款还是追加支出都突破了预算案的总额控制，不利于预算调整总额问责的实现。除非遵守了法定程序并证明预算追加是对预算委托人——公民或纳税人是负责人的那么才能说明预算追加是负责任的，没有偏离预算调整问责的目标。

结余未清理是指以前年度的结余资金没有或者没有完全统筹编制到新财政年度的预算中。中央部门结余资金是指部门预算项目支出结余资金。对某一预算年度安排的项目支出连续两年未使用或者连续三年仍未使用完形成的剩余资金，视同结余资金管理。中央部门在年度预算执行结束后，形成的项目支出结余资金，应全部统筹用于编制以后年度部门预算，按预算管理的有关规定，用于本部门相关支出。① 结余资金未清理造成部门的实际预算收入和预算案中的预算收入发生偏离，突破了预算调整总额控制，属于预算总额调整，结余资金未清理为动用往年结余资金埋下隐患，不利于预算调整总额控制目标的实现。

表2-1　中央部门预算调整方式

中央部门预算调整方式		收入调整	支出调整
	总额增加	追加拨款	追加支出
		结余未清理	动用往年结转资金
		会计操作	超支
		预算外收入	预算外支出
		超收收入	预算外支出
		增加举债	追加支出
	总额减少	削减（短收）	削减
		拖延	预算划转
		减少举债	闲置
			拖延
	结构变化	拨款变化或者收入变化	经费流用
			预算调剂
			挪用
			动用预备费

动用往年结余资金是指支出部门在没有财政部门审批的情况下擅自

---

① 财政部. 中央部门财政拨款结转和结余资金管理办法 ［Z］. 2010. 1. 18.

支出往年结余资金的行为。《中央部门财政拨款结转和结余资金管理办法》第十六条规定，中央部门项目支出结余资金，在统筹用于编制以后年度部门预算之前，原则上不得动用。因特殊情况需在预算执行中动用项目支出结余资金安排必需支出的，应报财政部审批。动用往年结余资金，可能会存在动用的是往年未清理的结余资金的情况。如果两边计算会造成重复计算，所以只计算一边。结余未清理导致部分结余资金游离于预算管理之外，增加了预算监督的难度，动用往年结余资金追加了支出突破了预算调整总额控制，属于预算总额调整，不利于实现预算调整总额控制的目标。

会计操作与国外的概念基本一致，是指一些行政管理者可能利用非法的会计程序隐藏行政自由裁量权的手段和来源。能够使簿记产生表面上的而不是实际上的平衡。这种人工平衡或多或少可能发生在很多预算类别中。[①]　在中国的预算执行实践中多表现为少列支出、虚增开支、虚假发票等。部门通过会计操作增加了可支配预算收入，削弱预算调整总额控制，属于预算总额调整，不利于预算调整总额控制目标的实现。

超收收入是指年度预算执行结果实际完成的预算收入超过年初收入预算规模的部分。通俗地讲，它就是以当年的预算安排数字为参照系而计算的财政收入增长额。或者说，它是突破了既有预算安排规模的控制而处于预算框架之外或称超计划的财政收入增长额。[②]　超收收入属于预算总额调整，超收收入处于预算框架之外，立法机关和民众对其监督都十分困难，不利于预算调整目标的实现。

预算外资金是指国家机关、事业单位和社会团体为履行或代行政府职能，依据国家法律、法规和具有法律效力的规章而收取、提取和安排使用的未纳入国家预算管理的各项财政性资金。预算外收入具体包括：行政事业性收费、政府性基金、主管部门集中收入、乡镇自筹统筹收入、其他收

①　Robert A. wallace. *Congressional Control of Federal Spending* [M]. Detroit：Wayne Srate University Press，1960：65.

②　中国社会科学院财政与贸易经济研究所. 人大代表政府预算知识 [M]. 北京：中国民主法制出版社，2008：119.

入（2005 年部门决算报表统计口径）。① 国库集中收付制度力图将预算外收入全部纳入预算管理，但是实际上为了保证财政收入任务的实现，协调各方利益关系财政部对于部门预算外收入都有一定比例的返还，此外部门还通过一些策略创造或截留预算外收入供本部门使用，突破预算调整总额控制。

举债也分为增加举债和减少举债，在预算执行中与年初预算相比举债数额增加为增加举债，增加举债预算收入总额增加；与年初预算相比举债数额减少为减少举债，减少举债预算收入增额减少。无限度举债会增加政府的债务风险，是否应该举债、举债多少和如何使用债务收入都必须对预算委托人（公民或纳税人）负责。

预算削减同样分为拨款削减和支出削减两类，预算管理部门的预算削减为拨款削减，支出部门的预算削减为支出削减。追加必须是负责任的，同样削减也必须是负责任的，虽然预算削减在很多发达国家非常普遍，而我国正处于经济快速增长时期相对应地财政收入也快速增长，在利益刚性的影响下预算削减并不经常发生。

拖延是以时间为评判标准，是指预算执行在时间上与预算案发生偏离，没有在规定时间内完成预算收入或者没有在规定时间内完成预算案的支出计划。具体包括预算管理部门在预算案通过后没有及时将预算款项拨付使用、预算收入部门未及时完成征缴任务或某些特出的部门出借资金没有及时归还造成拖延，导致预算执行在支出时间上与预算案产生偏离。拖延属于预算总额调整不利于预算调整总额控制的实现。

闲置是指年初预算不细化没有编制某部分资金的使用计划或者没有执行年初预算计划导致部分资金闲置。公共预算资金的闲置是对公共财政资源的巨大浪费，属于预算总额调整，不利于预算调整总额控制的实现。

经费流用是指科目之间的调整，预算调剂是指项目之间的调整，挪用是指基本支出与项目支出之间甚至是公共支出与非公共支出之间的调整。就调整幅度来说，经费留用最小，预算调剂次之，挪用的调整幅度

---

① 中国社会科学院财政与贸易经济研究所. 人大代表政府预算知识 [M]. 北京：中国民主法制出版社，2008：6.

最大。田学举早在 1998 年便将挪用纳入预算调整的范畴。① 挪用是对预算调整问责的偏离，经费流用和预算调剂必须在遵守法定程序并且对预算委托人（公民或纳税人）是负责任的才不会偏离预算调整的目标。

动用预备费属于预算结构调整，只有保证遵循动用预备费的程序并本着对预算委托人（公民或纳税人）负责接受立法机关和民众的监督才不会偏离预算调整的目标。

在中央部门最常出现的预算划转是中央部门向对口地方部门的划转，或者中央政府向地方政府的划转，这两种划转直接导致中央部门本级支出的减少，出列为中央本级支出的情况，这样就造成中央本级支出与预算案发生偏离，地方补助支出在预算执行中缺乏监督，中央把补助地方支出用为本级支出等情况，这些都不利于预算调整目标的实现。

---

① 田学举. 浅议政府机关预算调整审议 [J]. 中州审计, 1998 (4): 9.

第三章　中央部门预算调整实证分析

本章首先介绍了预算调整实证分析的研究设计，然后根据实证分析设计对立法审批的预算调整和政府审批的预算调整进行分析。

一、实证分析的研究设计

中央部门预算调整实证分析通过立法审批的预算调整的数据检验预算调整管理效率，通过政府审批的预算调整中的预算总额调整和预算结构调整数据分别检验预算调整总额控制和预算调整配置效率。

（一）立法审批的预算调整实证分析的研究设计

控制和灵活性的均衡是预算调整管理效率的第一要素。要检验中央部门预算调整是否是有效率的首先要检验中央政府是否建立了强有力的外部控制。立法机关是中央部门预算调整重要的外部控制机关，立法审批预算是立法机关控制预算调整的体现。自《预算法》（1994 年）颁布实施以来，中国中央政府共进行了四次立法审批的预算调整。这四次预算调整由财政部编制预算调整方案，财政部部长代表国务院向全国人民代表大会常务委员会提请审议。这四次预算调整的预算调整方案以及关于预算调整方案的说明都在公开媒体中披露了。笔者通过对预算调整方案以及调整方案的说明文本的分析，对四次立法审批的预算调整进行研究，检验中央部门四次立法审批的预算调整是否实现了控制和灵活性的均衡，以及是否实现了预算调整管理效率。

（二）政府审批的预算调整实证分析的研究设计

政府审批的预算调整实证分析主要包括两个任务：一是在年度预算调整分析的基础上进行预算调整动态研究进而检验1998-2021年期间中央部门预算调整问责水平有没有提高；二是在各类预算调整方式动态和结构分析的基础上检验影响中央部门预算调整问责的预算调整类型、方式和责任主体。

1. 中央部门年度预算调整分析

中央各部门年度预算调整分析是以年份为单位将每个财政年度的预算调整方式金额汇总，得到年度预算调整总额、年度预算总额调整金额、年度预算结构调整金额、中央预算管理部门预算调整总额和支出部门预算调整总额，并对这些数据进行描述和分析。这些数据为下一步的动态分析奠定了基础。

2. 中央部门预算调整的总额变化

除非特别说明，《审计报告》中的预算调整都不利于预算调整问责的实现。那么，在其他因素不变时，预算调整总额越高，预算调整问责水平越低；反之，预算调整总额越低，预算调整问责水平越高。但是，每年的财政收入不同，审计署长的更替可能引起审计力度的较大变化。中央部门预算调整问责动态变化检验分别以中央部门、中央预算管理部门和中央支出部门、预算总额调整和预算结构调整为主题对预算调整进行分类汇总，然后根据预算调整金额年度动态比较、分析和推理，判断排除财政收入和审计力度的影响之后，预算总额调整和预算结构调整的动态变化情况，并结合上文对预算调整管理效率的判断，判定中央部门预算调整问责水平的变化。

3. 预算调整的结构分析

根据中央部门23年的预算调整数据，分析中央部门历年的预算调整金额积极变化，研究导致各类预算调整发生的驱动因素以及主要的责任主体。中央各部门各类预算调整方式动态分析分别以责任主体为类别对预算调整进行分类汇总，然后根据每种预算调整方式金额年度变化分析预算调整方式的动态变化规律。这些数据为下一步的预算调整比较分析奠定了基础。

结合预算改革、责任主体、行政长官、经济发展、政府能力、审计和公开水平等对影响预算调整总额、预算调整结构的因素进行分析。为研究预算调整的总额控制和分层管理提供基础数据。

二、中央部门立法审批的预算调整实证分析

控制和灵活性的均衡是衡量预算调整管理效率的重要标准。立法机关是预算调整最重要的外部控制力量。1998-2021 年期间，中国中央政府分别在 1998 年 8 月 26 日、1999 年 8 月 30 日、2000 年 8 月 21 日、2008 年 5 月 12 日和 2016 年 11 月 7 日进行了五次预算调整，这五次预算调整均由财政部编制预算调整方案交立法机关审议通过，属于立法审批的预算调整。

（一）1998 年立法审批的预算调整内容及分析

1998 年 8 月 26 日在第九届全国人民代表大会常务委员会第四次会议上，财政部部长项怀诚代表国务院提请审议《关于提请审议增发国债用于加快基础设施建设和今年中央财政预算调整方案（草案）议案的说明》："会议同意国务院提请审议的议案，决定批准增发 1000 亿元长期国债。根据议案 1000 亿国债分两年列入中央预算，2008 列入中央预算支出 500 亿元，中央财政赤字将由年初预算的 460 亿元扩大到 960 亿元。采取增发国债加快基础设施建设的措施后，中央和地方预算中用于非经营性基本建设支出将会有较大幅度的增长。为了保持社会稳定和支持落实科

教兴国战略，拟将年初财政预算中原用于基础设施建设的 180 亿元调整为经常性项目支出，用于增加科技教育投入、国有企业下岗职工基本生活费保障、离退休人员养老金的按时足额发放和增加抢险救灾支出。"①

增加举债导致预算收入总额的增加，而增加的那部分收入的分配必然会引起在中央部门的预算总额调整和预算结构调整，具体采用的预算调整方式可能有追加拨款、追加支出、预算调剂、经费流用等。1998 年增加举债的预算调整导致"中央和地方的非经营性基本建设支出"的大幅增长，这属于追加支出的预算调整方式。由于当时采用的是功能预算编制方法，所以我们只能了解到"非经营性基本建设支出"的预算追加，而具体哪些部门追加支出，追加了多少就无从得知了。因此，财政部只是将预算追加通报全国人大常委会知晓，凭借财政部门通报的内容全国人大常委会无法对预算追加进行有效的监督。将"基础设施建设的 180 亿元"调剂为"经常性项目支出"，虽然审议议案中列举出了经常性项目包括：科技教育投入、国有企业下岗职工基本生活费、离退休人员养老金和抢险救灾。② 但是并没有列举各项的金额，具体由哪些部门负责，财政年度结束后如何考核或者对执行不力者如何追究责任都极为困难，更确切地说是不可能的。可见，人大常委会对预算执行中的预算调剂和经费流用行为无从监督，没有任何控制力。

从本质上讲，1998 年预算调整议案提交人大常委会审议，人大常委会只具有审议举债额度的能力，甚至仅仅是拥有了解举债额度的知情权。传统功能预算的编制方式弊端毕现：预算科目混乱，预算主体不明确，中央政府及其各部门在预算执行中预算调整频繁无序。可以说，全国人大常委会对中央部门预算总额调整具有一定的问责能力，而对预算结构调整几乎没有问责能力。年初预算形同虚设，预算执行中可以随意地调整。这些成为预算资金的贪污浪费、滋生腐败的温床。

---

① 项怀诚. 关于提请审议增发国债用于加快基础设施建设和今年中央财政预算调整方案（草案）议案的说明 [R]. 1998.8.

② 项怀诚. 关于提请审议增发国债用于加快基础设施建设和今年中央财政预算调整方案（草案）议案的说明 [R]. 1998.8.

(二) 1999 年立法审批的预算调整内容及分析

1999 年 8 月 30 日在第九届全国人民代表大会常务委员会第十一次会议上，财政部部长项怀诚代表国务院提请审议《国务院关于提请审议财政部增发国债用于增加固定资产投入和今年中央财政预算调整方案（草案）的议案的说明》："会议同意国务院提请审议的议案，决定批准增发600 亿长期国债和 1999 年中央财政预算调整方案。"①

1999 年亚洲金融风暴的影响仍在持续，我国当时经济发展的外部环境仍十分艰难。而 1998 年通过举债扩大内需的政策效应正在递减，为了弥补 1998 年国债专项投资中重点项目的资金缺口，确保这批项目早日竣工，继续提振扩大内需的政策效应，国务院决定增发 600 亿长期国债。1999 年预算调整是 1998 年预算调整的延续，两次预算调整是一脉相承的。财政部提交给全国人大常委会的议案用大量篇幅论证继续增发国债的必要性。对增发国债的使用却只是列出了几点原则，其中最重要的一点就是保证 1998 年项目的完成。

1999 年预算调整议案仍然表明，全国人大常委会只对增加举债的额度具有监督权，而对由于增发国债所增加的预算收入的使用情况的监督非常有效。全国人大常委会的监督仍停留在对预算总额监督层面。民众无力问责中央各部门的预算调整行为，全国人大常委会对中央部门的预算总额调整问责能力非常有限，对预算结构调整几乎没有问责能力。总体上来说预算调整问责水平很低。

(三) 2000 年立法审批的预算调整内容及分析

2000 年 8 月 21 日在第九届全国人民代表大会常务委员会第十七次会议上，财政部部长项怀诚代表国务院向全国人大常委会提出《关于提请审议增发长期建设国债用于增加固定资产投入和 2000 年中央财政预算调

---

① 项怀诚. 国务院关于提请审议财政部增发国债用于增加固定资产投入和今年中央财政预算调整方案（草案）的议案的说明 [Z]. 1999.8.

整方案（草案）议案的说明》，会议同意了国务院提请审议的议案，决定批准增发长期建设国债 500 亿元和 2000 年中央财政预算调整方案。中央财政赤字将由年初预算批准的 2298 亿元扩大到 2798 亿元。

1998 年和 1999 年积极的财政政策取得了良好的效果。然而当时经济回升的基础还不稳固，尚存在许多不确定因素。为了巩固积极财政政策的效果，更重要的是保证前两年国债项目的完工，国务院决定再次增发 500 亿国债，进一步拉动内需。2000 年预算调整是 1998 年和 1999 年预算调整的延续，仍然是为了应对亚洲金融危机带来的经济困难实施积极的财政政策。三年来连续三次增发国债，加大固定资产的投资。财政部部长对预算调整议案的说明仍然花大量篇幅论证增发国债的必要性。其中对增发国债资金的主要使用方向做出了规定：（1）水利和生态项目建设（2）教育设施建设（3）交通等基础设施项目建设（4）企业技术改造（5）城市环保项目建设。[①] 2000 年中央层面的部门预算改革已开始实施，由 2000 年预算调整议案来看，部门预算改革的成效尚不明显，增发国债资金的使用方向仍然按照传统功能预算的科目列出，并没有明确到具体部门，也没有具体的金额。全国人大常委会对增发国债资金的使用仍没有实质的监督能力。立法机关预算调整问责仍然停留在总额问责层面，结构问责能力非常微弱，预算调整问责水平很低。

（四）2008 年立法审批的预算调整内容及分析

2008 年 5 月 12 日，四川省汶川县发生 8.0 级特大地震。中央政府为及早谋划和适时开展恢复生产和灾后重建工作，切实保障灾后恢复重建资金需要，委托财政部编制预算调整方案提交全国人大常委会审议，通过预算调整建立地震灾后恢复重建基金，根据实际情况分年加以安排，专项用于四川及周边省份受灾地区恢复重建。经全国人大常委会会议表决批准了国务院提出的 2008 年中央预算调整方案。具体调整方案如下：

---

① 项怀诚. 关于提请审议增发长期建设国债用于增加固定资产投入和 2000 年中央财政预算调整方案（草案）议案的说明. 2000.8.21.

（1）为避免影响正常年度预算执行，保持 2008 年中央预算平衡，从中央预算稳定调节基金 1032 亿元中调入 600 亿元，通过"划转地震灾后恢复重建基金"科目列支后，转入地震灾后恢复重建基金。（2）从车辆购置税中调整安排 50 亿元，由"车辆购置税支出"科目列支后，转入地震灾后恢复重建基金。（3）从政府性基金预算列收列支的彩票公益金中调整安排 10 亿元，由"彩票公益金"支出科目列支后，转入地震灾后恢复重建基金。（4）从国有资本经营预算调入 40 亿元，通过国有资本经营预算相关科目列支后，转入地震灾后恢复重建基金。①

与前三次为了应对亚洲金融危机带来的经济困境而进行预算调整不同，第四次预算调整是为了应对四川省汶川县发生的 8.0 级特大地震。2008 年中央预算调整是为了应对特大突发事件而进行的预算调整。汶川地震是新中国成立以来破坏性最强、波及范围最广、救灾难度最大的一次地震。与前三次增加举债的预算调整议案简单通报增发国债额度不同，2008 年预算调整议案说明了"中央稳定调节基金""车辆购置税""彩票公益金"和"国有资本经营预算"中各调入部门资金建立"地震灾后恢复重建基金"。2008 年预算调整议案向全国人大常委会通报了科目间的经费流用，并且每个科目的调整金额都体现在议案中。不过仍然没有列出灾后重建基金的支出预算和执行主体。2008 年《预算法》修订案并没有颁布，虽然《预算法》中关于预算调整的规定备受争议，但是并没有相关法律法规对其进行修正。法律文本对预算调整的定义仍是以是否影响预算平衡为评判标准，而预算实践超越了 1994 年《预算法》，对预算的结构调整也由财政部编制了预算调整方案交全国人大常委会审议批准。这说明在预算改革的推动下，中国政府官员"预算为法"的意识有所增强，这在某种程度上突破了《预算法》关于预算调整的狭隘界定。到2008 年对中央部门预算调整问责的能力有所提升，全国人大常委会不仅对预算总额调整具有问责能力还首次表现出对预算结构调整的问责能力，

---

① 谢旭人. 关于提请审议 2008 年中央预算调整方案（草案）的议案的说明 [R]. 2000. 8. 21.

对中央部门的预算调整问责水平有所提高。

控制和灵活性是预算管理效率的重要衡量标准，建立强有力的外部控制是提高预算调整管理效率的第一步。总体来说，《预算法》颁布实施以来，立法机关对中央部门预算调整的控制主要表现在两个方面：第一，是否同意财政部提出的举债额度，没有确定或调整举债额度的权力；第二，面临特大自然灾害是否同意财政部提出的设立救灾基金方案，没有修订预算调整方案的权力。可见立法机关对中央部门预算调整的外部控制力非常微弱，如果不发生增加举债或者特大自然灾害的情况，立法机关对中央部门预算调整几乎没有控制力。中央部门预算调整尚未建立强有力的外部控制，遑论内部控制和责任控制呢？中央部门预算调整的突出表现为控制不足灵活有余。协调和激励更是中央部门预算调整无法企及的目标。中央部门预算调整缺乏强有力的外部控制必然会导致预算调整管理无效率。

（五）2016 年立法审批的预算调整内容及分析

2016 年 5 月 1 日，营改增开始全面实施，由于营业税是地方政府的主要税种，改成增值税之后变为央地共享税，这一政策会导致地方税收的锐减。因此，国务院制定了增值税收入划分过渡方案。

《国务院关于提请审议 2016 年中央预算调整方案（草案）的议案》规定：增值税收入中央与地方划分比例由此前 75：25 变成 50：50。这一调整方案给中央和地方财政预算收支结构带来一些变化，以 2014 年 5 月-12 月收入为基数算账，预计 2016 年中央一般公共预算收入增加 1780 亿元，全部用于对地方的税收返还，相应中央一般公共预算支出增加 1780 亿元。由此对 2016 年中央预算做出技术性调整，中央一般公共预算收入由 70570 亿元调整为 72350 亿元，增加 1780 亿元，全部为中央从地方上划税收收入增加；中央一般公共预算支出由 85885 亿元调整为 87665 亿元，增加 1780 亿元，全部为中央对地方税收返还增加。

根据预算法，预算执行中需要增加预算总支出的，要编制预算调整方案，提请本级人大常委会审查批准。本次立法审批的预算调整是有税收政策改革带来的中央部门收入和支出的较大幅度变化。全面人民代表大会常委会中央财经委员会审议并通过了中央政府的预算调整方法。体现了预算公开的原则，但是仍存在改进空间。营改增 2011 年开始试点，中央部门新财政年度的预算通常需要在年底前完成，人大会 3 月份召开，5 月营改增全面实施，10 月 31 日履行预算调整程序。营改增全面实施应该有一个时间表，营改增对财政收入的影响也是显而易见的，加强预算过程和政策过程的衔接，完全可以避免本次预算调整，加强总额控制，强化预算的法律权威。

三、中央部门政府审批的预算调整实证分析

笔者收集了1998-2021 年 23 年间的《中央预算执行和其他财政收支情况的审计工作报告》（以下简称《审计报告》），以这些报告为基础进行分析研究。

1997 年审计报告还具有以下特点：（1）文字描述多，具体数字少。例如 "1997 年，财政部直接冲退上缴利润，作为政策性补贴；以集中企业留利形式冲退所得税，返还给一些行业的主管部门。按照预算法和财政总预算会计制度规定，预算收入应当统筹安排使用，不属于国家规定的退库项目，不得冲退预算收入。财政部要严格按照收支两条线的原则，由收入退库改列支出"①。（2）合并统计多，具体说明少。"这次审计国务院 40 个部门，查出挤占挪用专项基金、应缴未缴预算收入和未及时拨付财政专项资金等 117.94 亿元。"②（3）泛泛而讲多，明确主体少。"主

---

① 财政部. 关于 1997 年中央预算执行和其他财政收支情况的审计工作报告（摘要）[R]. 1998.6

② 财政部. 关于 1997 年中央预算执行和其他财政收支情况的审计工作报告（摘要）[R]. 1998.6

要是一些部门挪用专项基金和事业费用于弥补行政经费和其他开支，有的部门未及时上缴预算收入，有的预算外收入未纳入财政专户管理，有的未及时拨付财政专项资金，还有个别单位私设小金库，大量挥霍公款等问题。"① 审计报告的这些特点使研究者很难对其进行定量研究和深入研究。1998-2008 十年间是李金华担任审计署审计长的十年，他有力地推动了中国审计事业的发展，他担任审计长的第一份中央预算执行情况审计报告是 1998 年披露的《关于 1997 年中央预算执行和其他财政收支情况的审计工作报告》，这一审计报告在很大程度上延续了上届审计报告的特点。1998 年的审计报告虽然有很大改观却没有完全摒除这些缺点。

1998 年审计报告比 1997 年审计报告有很大的进步，但是仍然存在没有明确具体金额和合并统计的现象。例如"根据预算法实施条例的规定，全国人大批准中央预算后，财政部应当在 30 日内批复到各预算单位。但财政部没有及时批复 1998 年度农林水利气象事业费、文教科学事业费等支出预算，有的延迟 1 至 5 个月批复，有的延迟半年以上，到第四季度才批复"②。根据审计报告中的描述，这些行为属于"拖延"形式的预算调整，但是由于没有明确具体金额，因此无法进行精确的测量和研究。在审计工作报告重，财政部和发改委的责任区分不是很明显，而支出部门存在很多合并统计的情况，因此把财政部和发改委合并统计，分析它们作为核心预算管理机构的预算调整行为，其他支出部门合并统计，分析支出部门预算调整的共同特点。

（一）中央部门年度预算调整总额变化总趋势

1998-2021 年中央部门预算调整总额之间变化巨大。1998-2009 年之间的中央部门预算调整总额与 2010 年之后的预算调整总额相比处于较低

---

① 财政部. 关于 1997 年中央预算执行和其他财政收支情况的审计工作报告（摘要）[R]. 1998.6.

② 李金华. 关于 1998 年中央预算执行和其他财政收支的审计工作报告 [R]. 1999.6

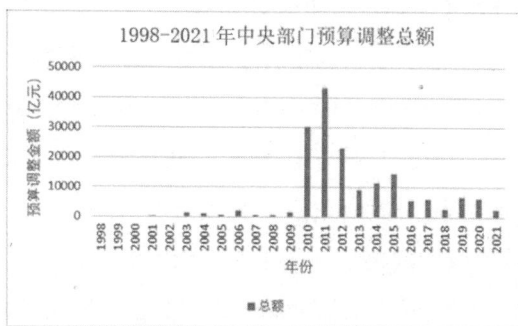

图3-1：1998-2021 年中央部门预算调整总额

水平，2010-2015 年是 23 年间预算调整总额的高峰，2016-2021 中央部门预算调整金额开始回落到中度水平。由于金额差距较大，在柱状图中，不能很好显示1998-2009 年间预算调整金额的变化，因此通过1998-2009年中央部门预算调整折线图显示。

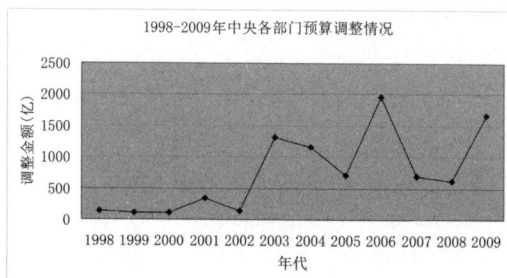

图3-2：1998-2009 年中央各部门预算调整情况折线图

　　1998-2021 年间，审计署历任四任审计长。李金华在 1998.3-2008.3期间担任审计长，刘家义在 2008.3-2017.3 期间担任审计长，胡泽君在2017.4-2020.6 期间担任审计长，侯凯在 2020.6-至今担任审计长。审计长的更替与中央部门预算调整金额的更替存在一定的相关性。李金华在其执政的后期掀起了审计风暴。刘家义在其执政中期审计力度较大，中央部门预算调整金额大幅度提升。2017 年胡泽君执政期间中央部门预算调整额度有明显的下降趋势，可能是审计力度变弱，也可能是随着中央部门预算管理行为更加规范，预算调整行为减少。

1. 李金华时期中央部门预算调整

1998-2002 年李金华前期的审计报告中，关于预算调整的资金非常低都在 500 亿元以下，尤其是1998-2000 年三年预算调整资金总额都低于 150 亿元。中央部门预算改革自 2000 年拉开序幕，1998-2000 年这段时期，虽然传统的计划主导的财政资金配置机制已经瓦解，但是政府预算仍然按照计划经济时期的格式进行编制：将预算收入按照经济性质、预算支出按照支出功能分类，分别测算，最后汇总成为政府的总预算，[①] 这属于功能预算的编制方式。功能预算只涵盖预算内资金收支预算，没有涵盖部门的基金预算、预算外收入等资金；功能预算是一个部门不同功能的经费在财政部门内部和各部门内部均分别由不同的机构进行管理。在财政部门，是一个内部机构管理若干部门同一性质的经费，同一部门的不同功能的经费预算分别由不同的主管机构审核和批复。[②] 传统功能预算的编制方法收支项目非常粗，涵盖范围窄，以功能类别分类而不是以部门为单位分类，并且在当时审计署的影响力也十分有限。2001-2002 年间，部门预算改革实施初期，改革成效尚未凸显，因此，这一时期审计发现的预算调整金额非常有限。

2003-2006 年为李金华后期，1998-2007 年是李金华担任审计署长的十年，1997-2006 年审计报告由他向全国人大常委会汇报，2003 年，审计署推出审计结果公开制度，6 月 25 日，李金华代表审计署，提交了一份长达 22 页的审计报告，并首次在第一时间全文公布了牵涉很多重要部门的审计报告。李金华在其任职后期掀起2003 年、2004 年、2006 年三场"审计风暴"，相应地这三年的预算调整资金总额也为 2006 年以前的最高值，并且比 2007 年和 2008 年的预算调整资金总额还要高。毋庸置疑，审计署审计长李金华凭借个人的影响力掀起"审计风暴"揭开预算执行过程的神秘面纱，使很多预算调整暴露于阳光之下。此外，部门预算改

①　马骏. 预算民主：中国预算改革的政治基础 [C] //马骏. 中国公共预算改革：理性化与民主化. 北京：中央编译出版社，2005：31-86.

②　中国社会科学院财政与贸易经济研究所. 人大代表政府预算知识 200 题 [M]. 北京：中国民主法制出版社，2008.2.

革的实施也为"审计风暴"的爆发提供了基本条件。到 2003 年中央部门预算改革已经初见成效，初步建立起部门预算的基本框架，初步实现预算编制的统一性。部门预算由基层预算单位编制，逐级上报、审核、汇总，经财政部门审核后提交立法机关依法批准的涵盖部门各项收支的综合财政计划。理论上讲，"一个部门一本预算"，要把一个部门各类不同性质的所有财政性资金统一编制到这个部门的一本预算中，现实中虽然达不到这个目标，但正在向这个目标努力。以部门为单位编制预算，为预算执行的审计提供了基础条件，有利于明确预算资金收支的责任主体，发现预算执行中产生的变更。

2. 刘家义时期中央部门预算调整

2008-2017 年为刘家义时期，他执政的早期 2008 年预算调整金额有所下降，2009 年恢复到较高水平，应该是初任审计长有一个适应的过程。2010-2012 年这三年是 23 年间预算调整金额的最高峰，应该是审计长加大了审计力度的表现，随着中央部门财政资金总额的提升有了明显的提升。在这三年严审的威慑之下，2013-2015 年的预算调整总额有所下降，2016-2017 年进入他执政的末期，预算调整金额有显著的下降。这一时期，中央部门预算改革进一步深入，预算编制更具全面性，到 2007 年上半年，国务院批准的收费项目 90%以上已经纳入预算管理，政府基金则全部纳入预算管理。[1] 截至 2006 年 4 月，中央国库集中支付改革扩大到全部中央部门，纳入改革的基层预算单位也从 2001 年的 136 个扩大到3643 个，并首次将中央补助地方的专项资金纳入国库集中支付。[2] 预算改革的推进，为预算执行的全面审计奠定了坚实的基础。

按照国务院的要求，自 1997 年以来地方政府开始编制地方基金性预算和决算。2007 年国务院颁布了向各级地方政府下达了官方文件要求设立国有资本经营基金，第二年 2008 以来开始编制国有资本经营预算和决

---

① 财政部预算司. 中央部门预算编制指南（2008 年）. 北京：中国财政经济出版社，2007：12.

② 楼继伟. 在 2007 年中央部门预算编制工作会议上的讲话. 财政部预算司. 中央部门预算编制指南（2007）. 北京：中国财政经济出版社，2006：171.

算。2011 年之前中央政府向全国人大提交的决算报告只包含一般公共预算，2011 年的中央财政决算报告包含了一般公共预算、政府基金性决算和国有资本经营决算数据。审计署审计的中央财政资金金额提升，2010 年中央财政收入 42488.47 亿元，支出 48330.82 亿元，2011 年中央财政收入（一般公共预算）51327.32 亿元，支出（一般公共预算）64126.31 亿元，政府性基金和国有资本经营基金共收入 3895.83 亿元，在中央财政总收入中占比 7.05%，支出 3873.01 亿元，占比 6.42%。2011 年起首次正式把政府性基金和国有资本基金纳入预决算，存在诸多的不规范之处，可能是 2011 年中央部门预算调整金额增高的原因之一，但是这两个基金的收支占比均在 10% 之下，不足以使这一年的预算调整金额成为 23 年的峰值，审计力度也是重要的原因之一。2011 年当年中央财政总支出为60308.33 亿元，中央预算调整金额为 43239 亿元，占比 71.7%。财政审计力度之大可见一斑。2010-2012 年是财政审计暴露了最多的预算调整问题。

2013-2015 年的中央预算调整金额与 2011 年相比有明显的下降，在他执政的末期中央预算调整金额急速下降，在他执政的十年间形成了一个倒 U 型，在执政初期和执政末期均处于较低水平，在执政中期达到了一个巅峰。

3. 胡泽君和侯凯执政时期的中央部门预算调整

2017-2020 年是胡泽君执政时期，2020 年的中央财政审计工作也主要是胡泽君负责的，23 年中只有 2021 年的中央财政审计工作是侯凯主持的，所以侯凯执政期间的规律性还不能发现。不过，2017-2021 这五年间审计报告中中央部门预算调整金额都处于一个很低的水平。其影响因素包含以下几个方面：第一，在 2010-2012 年强力审计之后造成了一定的威慑力中央部门预算执行的规范性大大提升；第二，2020 年，受疫情严重冲击，中央一般公共预算收入为 2009 年以来首次负增长，财政资金的紧张也会导致预算调整的减少；第三，十八大以来，共产党加强了全面从严治党的力度，2015-2018 年间修订和颁布了多项党内法规，比如：《中国共产党党内巡视工作条例》《中国共产党廉洁自律准则》《中国共产党纪律处分条例》《中国共产党党内监督条例》《中国共产党问责条例》《党内政治生活的若干准则》等。这些党内法规的颁布也对规范财政行为发挥了积极作用。

（二）中央部门年度预算调整占比分析

由于本书研究的数据来源于历年的审计工作报告，存在很多的合并统计情况，并不以部门为单位进行详细统计。每年审计署并不是对所有的中央部门进行审计，而是抽出既定数量的中央部门及相关二级单位进行审计。财政部和发改委作为核心预算管理部门，对他们的预算调整行为进行合并分析。其他部门作为支出部门预算调整行为也又很多类似的特征也进行合并分析。

图3-3：1998-2021年核心部门和支出部门预算调整对比折线图

笔者根据1998-2021年中央部门审计工作报告，绘制了这23年间核心预算部门和支出部门预算调整在中央部门预算调整总额中的占比折线图。在这23年中只有1998年、2001年和2004年这三年支出部门的预算调整超过了中央核心预算部门的预算调整，2005年以后核心预算管理部门预算调整金额占比远远超过支出部门，大部分情况下占比在80%以上。

1. 部门预算改革初期支出部门预算调整占比较高

在李金华担任审计长期间（1998-2008），我国尚且处于部门预算改革的初期，中央部门预算编制和执行尚不成熟，部门预算在编制和执行过程中尚且存在较多问题，因此这一阶段的部门预算调整存在较多问题。

这一时期的折线图与其他时期的折线图存在巨大的差别。在这一时期中，1998-2000 年，2002 年和 2005 年，这 5 年均出现了支出部门预算调整占比超过核心部门预算调整占比的情况。这主要受两个因素影响：第一，2000 年左右中央部门的部门预算编制尚处于探索阶段，因此预算调整的情况比较严重。1999 年 9 月，财政部在全国选择部分中央部门进行部门预算编制的探索，先在河北省进行试点，之后，试点省份扩大到安徽、浙江、海南等省，最后在中央本级和全国各地方政府普遍铺开。① 第二，1998-2000 年间中央财政审计工作对财政部和发改委的规范性审计不够严格。因此，突出了支出部门存在的预算调整问题。

2. 核心预算管理部门是预算调整的主要责任主体

虽然1998-2005 年期间的大部分年份支出部门预算调整占比较高，但是受当时预算水平和审计重点的影响，并不能代表当时核心预算管理部门预算编制水平较高，或者预算执行中预算调整行为较少。2005 年以后中央核心预算管理部门预算调整占比属绝对多数，大部分年份在 90%以上，换句话说，中央部门的预算调整大部分是核心预算管理部门导致的，核心预算管理部门是中央部门预算调整的主要责任主体，提高核心预算管理部门的预算编制和执行水平是控制预算调整的关键。

核心预算管理部门主要指财政部和发改委，财政部负责预算的编制工作，预算编制的科学性会对第二年预算调整产生直接影响。首先，一些财政结余资金、预算外收入资金、国际捐款等资金没有编入年度预算中，导致预算编制不完整进而导致预算执行中预算调整频繁。其次，预算草案编制的时候，预算安排不够具体，很多预算资金是打包分配的，主要是打包给发改委。第三，发改委评审立项需要时间，另外预算草案审议通过在 3 月份，这双重原因导致预算拨款非常迟，甚至发生很多11-12 月拨款的情况，这一情况又会导致预算执行进度跟不上，结余资金过多或者闲置资金过多。第四，部门为了获得发改委的资金积极申报项目

---

① 赵兴罗. 我国政府预算改革四十年：回顾与展望 [J]. 财政监督, 2018, 422 (8)：10-14.

立项，但是对项目的可行性考察不够，从而产生大量的闲置资金。

（三）中央部门预算调整结构特点分析

1. 核心预算机构预算调整方式的特点

核心预算机构预算调整的典型特点表现为预算未细化不完整、预算执行提前或者延迟。由于核心预算管理机构和支出部门的职能不同，因此这两类部门之间的预算调整方式也存在一定的差异，如图所示。在预算调整方式雷达图中，23年间预算调整金额百分比雷达图形式"两扇翅膀"，表示了核心预算部门最典型的预算调整方式是"未细化不完整"，表述了两种预算调整的方式：未细化和不完整。未细化说明预算编制存在"打包分配"的情况，不够具体，导致预算执行中产生的调整；"不完整"是由于部分财政资金没有编入预算，但是预算执行中却支出了资金而产生的预算调整行为。产生这一预算调整方式的主要原因有：第一，核心预算机构零碎化。财政部并不是唯一的负责财政资金分配的部门，发改委也承担一定的财政资金分配责任，因此制度因素也催生了预算编制不够细化的情况；第二，大数据预测技术的局限性。预算是对未来一年内的财政资金进行安排，准确预测一年内发生的事情，才能更好地编制预算。大数据预测技术、统计技术和政府会计分类制度是做好财政收支预测基础，而财政预测技术的发展需要一个相对漫长的发展过程。财政预测技术闲置了预算编制的细化程度。第三，没有严格遵守财经纪律，部门财政资金没有纳入预算之中，游离在预算之外。

2. 支出部门预算调整方式结构特点

1998-2021年间，中央支出部门预算调整金额最多的三种预算调整方式为未细化不完整、闲置和会计操作。

未细化不完整预算调整方式占比过高的原因分析。支出部门未细化不完整的原因与核心预算机构有相同之处也有不同之处。分析原因如下：第一，支出部预算编制能力不足。虽然支出部门与核心预算部门不同，需要中央所有的财政资金进行分配，但是支出部门依然拥有一定的预算

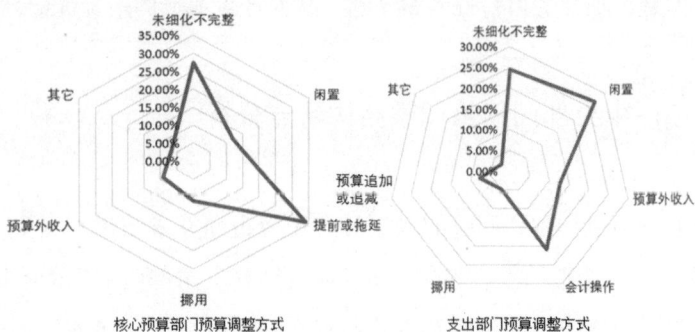

图3-4：1998-2021 年中央部门预算调整方式对比图

编制权，显然支出部门的预算编制能力尚存在一定的提升空间来细化预算草案，进而减少预算调整发生。第二，支出部门与二三级单位之间的资金往来没有包含在预算中，但实际上又使用了二三级单位产生的收入，这部分资金不能反映在预算草案中，导致预算的不完整。预算的完整性直接影响了预算作为政策工具的有效性，如果有大量资金游离在预算草案之外，预算就失去了其权威性、完整性和有效性。

支出部门闲置这一预算调整方式占比过高的原因分析。财政资金是紧缺的，只有"把钱花在刀刃上"，财政资金的闲置是对财政资源的浪费，也降低了预算的权威性。2019 年以来，我国的财政环境发生了改变，财政收入不再像之前一样呈逐年上升的趋势，财政资金开始出现下降的趋势，可是在这种情况下，依然出现大量财政资金的闲置，这就很奇怪了。一方面财政收入下降，财政资金短缺，另一方面财政资金闲置，造成了财政资源的浪费。造成财政资金闲置的原因主要有以下几个方面。第一，年底结余资金没有清理，积累下来产生的财政资金闲置。第二，闲置资金大多是项目资金，申请项目时关注点在于获得尽量多的资金，对项目的可行性论证不足，资金到位后，项目执行困难。第三，闲置资金是中央专项资金，下拨地方需要地方的配套资金，由于地方缺乏配套资金导致专项资金的闲置。第四，盘活闲置资金的动力和压力不足。当前财政收入下行压力增大，财政资金紧缺，盘活闲置资金的压力增大。但是部门之间在过去的预算制度中已经形成了一个既得利益模式。部门缺乏盘活自由财政资金的能力，财政部门收回闲置资金压力很大，资金闲置的"恶疾"难以根除。

支出部门"会计操作"预算调整方式占比过高的原因分析。核心预算管理部门很少发生会计操作的情况，多发生在支出部门。因为支出部门为了获得更多的资金、违规支配资金（比如发福利等）等，虚列开支等方式套取资金，通过会计操作的方式把这种违规操作的方式隐藏起来。会计操作的结果是把公共财政资金用作私利，属于违反财经纪律，数额巨大将会触犯法律。连续 23 年间，中央支出部门会计操作金额在诸多预算方式中排名第三，着实令人吃惊。支出部门存在过多的会计操作，原因如下：第一，支出部门自身执行财务纪律不够严格，内控不到位。审计署对部门的审计不会是常规性的而是年度性的，大部分情况下做不到每年都全面审计，因此部门的内控就显得尤为重要，部门内控不严格就会导致问题的集中爆发。第二，支出部门与二三级单位的财务账目不明晰也为会计操铺就了温床。第三，对中央部门财政信息公开和过程监督不到位。

第四章　中央部门预算调整问责路径探索

通过第三章的实证分析我们得到以下结论：（1）立法审批的预算调整和政府审批的预算调整的分析证明：中央部门预算调整管理效率低下、预算调整总额控制不成功、预算调整配置效率无法实现，总之，1998-2021年期间中央预算调整问责水平并没有提高；（2）预算管理权是影响预算调整的关键因素，预算调整伴随着预算管理权的转移而转移。中央预算管理部门是促进预算调整总额增长的关键部门；（3）影响中央部门实现预算调整问责的预算调整方式主要三类：责任主体是预算管理机构的闲置、结余未清理、动用往年结余资金、提前或拖延和追加拨款；责任主体是支出部门的预算调整方式挪用和会计操作；预算管理部门和支出部门都经常发生的预算调整方式预算外收入。

基于以上情况，笔者认为建立中央核心预算机构有利于实现预算调整总额控制，实行分层管理是有利于实现预算调整管理效率和预算调整配置效率，进行政府会计改革是实现预算调整问责的必要工具，预算民主是最根本的预算调整问责路径，而预算执行审计是预算调整问责的纠偏机制。上述问责路径的改革和完善未必能够保证预算调整目标的实现，但是却能实现预算调整目标的"帕累托改进"。

一、核心预算机构与预算调整问责

建立中央核心预算机构有利于通过核心预算机构的问责加强中央部

门预算调整总额控制。中国当前的双轨预算管理体制催生多种预算总额调整，又缺乏实现预算调整总额控制的必要权威。只有建立核心预算机构才能树立核心权威控制预算总额调整。

（一）当前"双轨"预算管理体制存在的问题

中国中央层面的双轨预算管理体制由于职能交叉和模糊，导致推诿扯皮催生闲置、拖延等多种预算调整方式，并由此派生出结余未清理和动用往年结余资金预算调整方式。双轨预算管理体制缺乏核心权威，无法有效实现中央部门预算调整总额控制，同时支出部门权力膨胀通过预算外收入预算调整方式扩大自身权益。

1. 催生多种预算调整方式

中国尚未建立真正意义上的核心预算机构，但是财政部和发改委无疑是最主要的预算管理部门，财政部负责基本支出预算以及基本建设类项目、科技三项费用项目和农业综合开发项目之外的项目，而发改委负责基本建设项目、国债投资项目等投资性的重大项目，基本属于双轨预算管理体制。从规定看，财政部负责的是一般项目，而发改委负责的是重大项目。就基本建设类项目来说，财政部也负责一部分基金建设类项目，而发改委负责的是重大基本建设类项目。没有人能够清晰地把财政部和发改委负责的项目划分的一清二楚，只能在实际执行中"相机抉择"，财政部和发改委的行政首长的更替以及国务院政策的变化都会导致财政部和发改委职责尤其是在项目管理上发生微妙的变化。由于财政部和发改委的预算管理职能交叉、模糊，导致预算执行中的推诿扯皮，催生闲置、拖延等预算调整方式，并由拖延和闲置派生出结余未清理和动用往年结余预算调整方式。年初预算编制过程中，财政部将基本建设类资金、国债投资资金切块出来交由发改委安排到具体项目，但是直到预算案提交给全国人民代表大会审议，很多项目仍"未细化"，第三章的分析中也证明了"未细化不完整"资金的大量存在。发改委没有及时下达投资计划，资金支出用途不明确造成了资金的闲置，发改委下达投资计划之后财政部没有及时拨付资金或者发改委下达投资计划太晚造成拖延，支出部门得到财政拨款时间太晚，执行时间不足，年底无法完成支出任务，又产生了大量结余资金，从而派生出结余未清理和动用往年结余资金的预算调整方式。而产生这些预算调整方式的源头都在于中央部门双轨预算管理体制的"零碎化"，产生的高昂的沟通和协调成本。

2. 缺乏预算调整总额控制的必要权威

双轨预算管理体制缺乏核心权威，无法对中央部门整体以及各个中央部门实行总额控制。在中国中央层面，财政部负责一部分资金的配置，发改委负责一部分资金的配置，科技部负责一小部分资金的配置，还有一些部门负责更小部分资金的配置。每个拥有预算资金分配权的部门都按照本部门的意志配置资源，财政部、发改委、科技部他们之间的计划和配置是相互独立的，而并不是着眼于全局的统筹配置。分散式的资金管理方式导致预算管理权威的缺乏，没有任何一个机构了解整个中央部门的预算收支情况，从而也就没有任何一个机构可以对中央部门实施总额控制。核心权威机构的缺乏必然导致其他部门寻求扩大利益的途径：一些中央部门利用履行职能之机采取"创收"策略：扩大非税收入规模或者创造非税收入项目，然后将部分非税收入扣留转化为预算外收入，突破部门总额控制。而中央预算管理部门由于缺乏控制支出部门的权威和支出部门预算执行信息无法对支出部门实施预算调整总额控制。

（二）核心预算机构的作用和意义

控制预算总额调整类预算调整方式的产生是增强预算调整总额控制的重要内容，但是要保证这一内容的实现必须首先树立预算机构的核心权威。

1. 建立中央核心预算机构有利于控制预算总额调整

建立中央核心预算机构有利于控制闲置、拖延、结余未清理、动用往年结余资金、预算外收入等预算调整方式的产生。而这些预算调整方式都属于预算总额调整，因此建立中央核心预算机构有利于控制预算总额调整，从而增强预算调整总额控制。两个预算管理部门（更确切地说是两个主要的预算管理部门，还有其他次要的预算管理部门）变成一个核心预算管理机构，节约了沟通和协调成本，由沟通和协调不畅造成的拖延和闲置必然大幅度降低，同时由拖延引发的预算执行时间过短而带来的结余资金就能得到有效控制，结余资金的减少了结余资金未清理和动用往年结余资金的预算调整自然也就减少了。有效控制以上预算调整方式，有利于实现预算调整总额控制。核心预算机构对资金进行全口径集中管理与分散管理相比，能有效缓解预算外收入预算调整的发生，进而有利于实现预算调整总额控制。

2. 建立中央核心预算机构有利于树立核心权威

建立中央核心预算机构能够从中央整体乃至全国的角度出发，从战略计划层面对公共财政收支进行统筹分配，并能够及时掌握中央各部门的预算执行和预算调整信息，增加对中央部门总额控制。控制了资源和信息就获得了控制的资本，增强对中央部门的预算调整总额控制也就成为可能。缺乏权威的结果是强强相争，互不相让。在财政部看来，一般预算很多按照固定的标准配置和使用灵活性很低，而灵活性较大的资本预算或者说重大项目预算却由发改委负责资源的配置，财政部对重大项目预算的控制力非常有限。在发改委看来，宏观调整政策的制定、重大项目的资源配置都是其职责范围之内的事务，发改委在下达投资计划之后还要接受财政部的审查才能拨付资金，发改委对财政部的项目审查比较排斥。由此可见，财政部并没有足够的权威实现对发改委的预算调整总额控制。虽然财政部有足够的权威实现对支出部门预算调整总额控制，但是支出部门通过预算外收入的方式将一部分资金转移到预算管理框架之外，财政部的权威在"迂回"中被削弱了。

（三）关于核心预算机构的国际经验

从欧美国家预算制度发展经验看，核心预算机构本来就是为了"控制"而生，当经济增长缓慢、赤字和债务庞大时核心预算机构的权力就会膨胀，而当经济发展迅速，财政丰裕时核心预算机构的权力就会进行一些调整。

1. 欧洲经验

在历史上，欧洲的财政或国库部门只是一个负责会计账簿的会计机构，二战时期各国财政吃紧，随着立法机构和民众财政问责意识的觉醒，要求政府控制财政支出的呼声越来越强烈。自此核心预算机构逐步形成，它通过控制财政资源和预算程序实现了控制"钱袋子"的职能。① 核心预算机构在预算编制过程中通过总额控制和详细的科目体系实现对预算案的控制并借此影响政策和服务的供给；在预算执行过程，核心预算机构通过对各个部门的审查和监督来保证各个部门的支出与预算保持一致，预算执行中的预算调整必须遵循法定的程序。核心预算机构是预算调整总额控制的最重要机构，即使需要立法机关审查的预算调整也必须经过核心预算机构的事前控制。

2. 美国经验

在美国联邦层面预算局/管理与预算局是美国联邦政府的核心预算机构。20 世纪的最初十年，正式在公众希望缩减财政赤字的压力下，预算局才应运而生。② 那时候，政府机构的预算都习惯性地经由财政部呈交给国会。但是"国会预算权力的分散化又进一步导致了和平时期预算赤字的出现，为应对赤字，国会不得不提升总统及行政机构在预算中的地位与作用，并试图建立一个强大的总统领导体制以控制支出增长"③。预算局的很多核心职能都随 1921 年《预算与会计法案》的颁布而生效，该法案授权预算局有权追究行政管理行为。美国预算局/管理与预算局预算调

① John Wanna, Lotte Jensen, and Jouke de Vries. Controlling Public Expenditure: The Changing Roles of Central Budget Agencies—Better Guardians? [J]. *Public Budgeting & Finance*, 2007, 27 (3): 138—141.

② [美] 雪莉·琳内·汤姆金. 透视美国管理与预算局 [M]. 苟燕楠译. 上海: 上海财经大学出版社, 2009: 27.

③ 章伟. 预算、权力与民主: 美国预算史中的权力结构变迁 [D]. 上海: 复旦大学博士学位论文, 2005: 60.

整总额控制不仅仅在于它对预算调整的审查更重要的是越来越多的具有了政策分析、政策建议的职能。管理与预算局能够实现政府首脑与支出部门之间的有效沟通，并为政府首脑提供有效的政策信息和政策建议。它的这些职能有利于预算过程和政策过程的衔接，从而有效避免由于预算过程和政策过程分离导致的不必要的预算调整。

（四）设立中央核心预算机构的构想

要建立中央核心预算机构必须解决两个问题：第一，如何组建；第二，职能定位是什么。

1. 中央核心预算机构组建方式

建立核心预算机构就是成立独立的专门编制和审查预算的预算机构，也就是说，"设置一个专门编制预算的政策和计划取向的预算机构，而让现在的财政部门专门负责预算执行，并赋予这个新的预算机构足够的权力与独立性，使得它在预算编制的过程中能够有效地抵制部门和政治家的支出要求并能有效地运用预算工具来分析政策的合理性和政策成本"[1]。鉴于中国当前的行政组织架构，建议"将目前的财政部的预算机构（预算处和业务处）的一部分和发展与改革委员会合并在一起，或者直接将发展与改革委员会转变成这个新的预算管理委员会。当然最好的重组方式是前者。因为这样可以结合这两个机构的优势。财政部的预算司和其他业务司一直是负责编制与执行的机构，在预算方面已经累积了非常丰富的信息经验，而发展与改革委员会在经济改革前一直是中国的核心预算机构，而且目前仍然承担着制定经济与社会发展计划，管理重大项目的审批事宜。因此，将财政部和发改委进行合并重组，不仅可以避免巨大改革带来的阻力和冲突，又能够实现集中预算管理的改革目的"[2]。

---

① 马骏. 中国省级预算中的政策过程与预算过程：来自两省的调研［C］//中国公共预算改革：理性化与民主化. 北京：中央编译出版社，2005：225-262.

② 马骏. 中国省级预算中的政策过程与预算过程：来自两省的调研［C］//中国公共预算改革：理性化与民主化. 北京：中央编译出版社，2005：225-262.

一个国家的核心预算机构必须拥有足够大的权力，正如著名的公共预算专家希克指出的，由于预算机构是实行财政总额控制和负责资源配置效率的机构，因此，必须赋予预算机构相对大的权力，使得它能够抵制（削减或者拒绝）某些预算项目的支出要求，并且能够抵制政治家和利益集团额外增加的支出要求。① 否则的话，支出控制就会流于形式，资源的配置效率就无从谈起。

2. 核心预算机构的职能定位

核心预算机构必须融合传统预算的控制功能和现代预算的政策功能，树立核心权威，只有这样才能实现核心预算机构对中央部门的预算调整总额控制。在中国的双轨预算管理体制中，财政部的控制取向更强一些，而发改委的政策取向更强一些，预算管理机构不同的目标取向造成预算执行行为的背离，进而导致预算执行中预算调整的频发，预算管理成本和损耗的高涨，预算管理效率的低下。建立核心预算机构可以使两个或多个机构各自追求不同的目标转变为一个机构实现目标的多元化，减少预算机构之间的内耗，提高预算管理效率。塞缪尔和魏劳比将核心预算机构分为两类，在传统预算时代，预算机构大多是控制取向的，距离政策很远；在现代预算制度中，核心预算机构在具有越来越多政策职能的时候，其传统的控制职能仍没有被摒弃。因为公共预算资源是有限的，而公共支出需求却是无限的，任何时候都需要预算控制。中国的核心预算机构应该是兼具控制取向和政策取向的，具有多元化角色的预算机构。

在现代预算制度下，为了适应复杂的社会环境，笔者认为中国的核心预算机构人员应该扮演以下角色：反对者、信息管道、政策分析者。反对者是核心预算机构的传统角色，核心预算机构必须以不信任的态度审查支出部门提出的预算调整方案，必要时驳回支出部门的预算调整请求，从而实现其管理范围内的预算调整总额控制。核心预算机构一方面要作为政策分析者对公共政策进行充分的论证和分析，另一方面要作为

---

① ［美］艾伦·希克. 当代公共支出管理方法 [M]. 北京：经济管理出版社，2000：47.

支出部门和政府首脑的信息管道，实现支出部门和政府首脑有效的信息沟通，并将政府首脑的政策充分体现在预算中，实现预算过程和政策过程的衔接，减少由预算过程和政策过程分离导致的预算调整。此外，核心预算机构还要基于对支出部门预算执行信息的充分了解，加强对各个支出部门预算调整总额控制。

二、预算调整分层管理与预算调整问责

预算调整分层管理有利于提高预算调整管理效率和预算调整配置效率。但是当前中国中央层面预算调整管理分层不清晰造成预算调整管理的混乱，明确划分预算调整层次，施行预算调整分层管理有利于实现预算调整问责。

（一）预算调整分层管理的作用和意义

预算调整分层管理由于明确了中央部门不同内容和幅度预算调整的灵活性以及需要遵守的预算调整规则，有利于实现预算调整控制和灵活性的均衡，从而有助于提高预算调整管理效率。此外，预算调整是预算执行中的"二次资源配置"，预算调整分层管理为"二次资源配置"设定了行为规范，能有效规范预算调整的"二次资源配置"行为，突出预算结构调整的管理，有助于提高预算调整配置效率。

1. 预算调整分层管理有利于提高预算调整管理效率

控制和灵活性的均衡是实现预算调整管理效率的第一要素。如果说立法机关的有效监督是强有力的外部控制的话，那如何保证预算管理必要的灵活性呢？笔者认为应该对预算调整实行分层管理，根据预算调整的内容和幅度的不同采取不同的管理方式，明确不同预算参与者的预算调整管理范围。这样既不影响预算调整控制的实现又能赋予中央部门一定的预算调整权。中央预算管理部门或者核心预算机构在组织和管理财政交易时，需要考虑这样四个问题：控制、灵活性、协调与激励。① 在中央部门预算执行中，立法机关的外部控制是必要的。否则，就会出现贪污、挪用与浪费。不过，在控制的同时，必须确保各个部门拥有一定的灵活性，否则就会失去效率。同时，也必须考虑将节约与创新的激励植入各种财政交易的管理中。在某些情况下，过分的控制可能会产生负激励。最后，在预算执行过程中，还必须考虑协调问题。这种协调既包括负责控制的预算机构与支出部门和收入部门之间的沟通协调，包括将现金流入和现金流出之间的协调，也包括政府与立法机构之间的沟通协调。建立预算调整分层管理体制，实现预算调整管理的控制和灵活性的均衡，并同时实现协调和激励的目标。能够实现这些目标的预算调整分层管理体系有利于实现预算调整管理效率，从而为预算调整问责做出贡献。

2. 预算调整分层管理有利于提高预算调整配置效率

预算调整配置效率主要包括三个方面的内容：预期结果评估、是否符合规则、项目优先性的调整是否符合民意。根据研究内容的设计本书只对后两个标准进行检验。制定明确合理的预算调整规则是预算调整遵守规则的前提，也是提高预算调整配置效率的前提。在中央部门预算管理者存在对不同的预算调整进行区别管理的情况，但是并没有学者或者实践者提出"预算调整分层管理"的概念或者对不同层次的预算调整管理方法和规则进行汇总和整理，笔者在根据相关的预算法律法规对中央部门预算调整的层次进行了梳理。在中央部门预算改革之前，整个中央政府只有一本账，《预算法》规定了立法审批的预算调整，《预算法》规定之外的预算调整管理比较混乱，具体如何在政府（财政部或政府首脑）和部门之间如何划分取决于双方博弈的结果。由于中央部门预算管理分散、功能预算编制方法弊端凸显，中央支出部门具有较大的预算调整管理权限，政府（财政部或政府首脑）的控制力比较有限。随着中央层面

---

　　① Bartle, John & Jun Ma. *Managing financial transactions efficiently* [M] // Aman Khan & W. Bartley Hildreth. Eds. Financial Management Theory in the Public Sector. Westport, CT: Greenwood Publishing Group Inc, 2004.

部门预算改革的推进和国库集中支付制度的实施，预算管理权向中央预算管理部门集中，支出部门的预算调整管理权限变小而相应地中央预算管理部门预算调整管理权限变大。明确预算调整分层管理有利于改变预算调整管理混乱的状况，提高预算调整配置效率。

（二）中央部门预算调整管理中存在的问题

虽然立法者和预算执行官员并没有预算调整分层管理的意识，但是相关的法律法规仍然对预算调整不同内容进行了区别规定。不过这些规定存在一些问题尚且需要改进。

1. 立法机关预算调整管理范围过于狭窄

在中央部门预算执行过程中，立法机关预算调整管理的主要内容为：在执行中因特殊情况需要增加支出或者减少收入，使原批准的收支平衡的预算的总支出超过总收入，或者使原批准的预算中举借债务的数额增加的部分变更。根据这个概念只有增加举债、重大灾难、重大政策调周等情况才需要立法机关的审议和批准。因此，1998-2021年间只有1998年、1999年和2000年增加举债的预算调整，2008年遇到汶川特大地震的调整其他科目资金设立地震灾后恢复重建基金，2016年营改增税收政策改革而导致的中央部门预算调整。立法机关作为中央部门预算调整重要的外部控制力量，其管理范围仅仅限于增发国债，2008年扩大到特大自然灾害后建立救灾基金带来的预算调整2016年拓展到政策巨大政策变化引起的预算调整，很明显立法机关预算调整的管理范围过于狭窄了。

中央部门是受民众的委托管理公共预算，全国人民代表大会及其常委会代表民众对中央部门的预算行为进行监督，对预算执行中预算调整的监督是全国人民代表大会及其常委会的重要内容。立法机关预算调整的管理范围直接决定了预算调整管理效率问责的程度。当然不是立法机关预算管理范围越大预算调整问责的程度越高，也不是范围越小预算调整问责的程度越高。能够实现控制和灵活性均衡的预算调整管理范围实现预算调整问责的程度越高。立法机关预算调整的管理范围狭窄影响了预算调整问责的实现。

2. 中央政府预算调整管理范围过于宽泛

中央政府预算调整管理主要由国务院和财政部负责。《预算法实施条例》规定了预算划转和经费流用的预算调整应遵循的程序，《全国人民代表大会常务委员会关于加强中央预算审查监督的决定》规定了超收收入和预算外收入的预算调整应遵循的程序，《中央本级项目支出预算管理办法》规定了项目相关的预算调整应遵循的程序《中央本级基本支出预算管理办法（试行）》规定了基本支出的预算调整应遵循的程序，以上这些都属于中央政府的预算管理范围。可以说，国务院和财政部拥有除了增加举债之外的所有预算调整管理权。中央部门年初的预算案在提交全国人民代表大会审议之后，在预算执行中产生的增加举债之外的一切预算调整都由国务院和预算管理机构做最终决策，在一定程度上削弱了全国人大及其常委会的审查监督价值，政府预算调整管理范围过于宽泛了。

中央部门作为预算的直接执行者必须拥有一定的灵活性才能保证预算执行的效率。中央政府当前的预算调整管理范围是过于宽泛了，行政权力扩张的同时立法机关不能对其进行有效的监督，容易导致挪用、贪污等造成公共资源的浪费也不利于管理效率的实现。中央政府预算调整管理范围过于宽泛影响了预算调整问责的实现。

3. 支出部门预算调整管理范围模糊不清

《预算法》及其配套法律法规中并没有对支出部门的预算调整管理范围做出规定。支出部门的预算调整管理范围被默认为立法机关和中央政府管理范围之外的部分，那么支出部门只对同一个项目之内的科目之间的预算调整以及所属单位的预算调整具有管理权。而实际上，支出部门对于本单位的项目和所属单位的预算具有很大的管理权。很多支出部门的所属单位具有资金吸纳能力，对于所得收入所属单位和中央部门具有很大自主权。相关法律法规对预算调整管理范围相关规定的缺失导致各支出部门在本部门内部及所属单位中扩张预算调整管理范围。

正式制度的残缺就会导致行政权力和非正式制度的主导，行政权力和非正式制度主导下的部门内预算调整就更加具有隐蔽性。只有预算调整透明了才能接受立法机关和民众的监督，隐蔽的部门内预算调整不利于预算调整问责的实现。

(三) 中央部门预算调整分层管理体系的重构

如果实现立法机关和中央政府、中央政府和中央部门、中央部门与所属单位之间控制和灵活性的均衡，协调好诸多主体的关系并能有效激励各主体做好本职工作，那么就实现了预算调整管理效率问责。然而这是一项巨大的工程，重构中央部门预算调整分层管理体系是这项工程的重中之重。

1. 重构立法机构预算调整管理范围

在以下情况单独发生或同时发生时中央核心预算机构（没有核心预算机构时财政部负责）应该编制预算调整方案提交全国人大常委会审议和批准，待全国人大常委会批准之后，预算调整才可以实施。(1) 中央政府需要增加举债时；(2) 预计中央部门预算总收入超收或者短收时；(3) 预计中央部门总支出需要增加或减少的；(4) 上年结余未列入预算而动用的；(5) 农业、科技、教育、社会保障支出预算需要调减的；(6) 需要向某些部门追加支出时；(7) 基本支出和项目支出之间需要调整时；(8) 不同部门之间资金需要调剂的；(9) 财政部预计资金拨付拖延3个月以上或者资金闲置时；(10) 需要动用预备费的；(11) 发生重大自然灾害需要建立专门救灾基金时。

2. 重构中央政府预算调整管理范围

在以下情况单独发生或同时发生时，中央部门应该编制预算调整方案，提交给核心预算机构或财政部和国务院审议，待财政部和国务院批准之后预算调整才可以实施：(1) 预计本部门预算总收入超收或者短收时；(2) 预计本部门总支出需要增加或减少的；(3) 部门内部项目之间的资金的调整；(4) 部门项目支出预计拖延3个月以上或资金闲置时；(5) 部门基本资金与项目资金之间需要调整的。各部门预算调整方案应该交全国人大常委会备案。

3. 明确部门内部预算调整管理范围

在以下情况发生时，部门所属单位应该编制预算调整方案提交给部门首长审批，待部门首长批准之后预算调整才可以实施。（1）所属单位预计本单位预算总收入超收入或短收时；（2）所属单位预计本单位总支出需要增加或减少的；（3）同一个项目内科目之间需要调整的；（4）所属单位基本资金与项目资金之间需要调整的。但是所属单位的预算调整导致部门产生中央政府预算调整管理范围内的预算调整发生，部门就需要编制预算调整方案提交给财政部审议了。

三、政府会计与预算调整问责

建立中央核心预算机构还不足以加强预算调整总额控制，因为核心预算机构树立权威、发挥政策职能除了需要以法律的形式授予其相关职能之外，也需要相关配套措施来保证其实现这一职能。核心预算机构要统揽全局、掌握各部门的预算编制和预算执行信息必须以良好的政府会计制度为基础，然而当前的收付实现制会计不足以保证其获得相关的信息。

（一）收付实现制会计存在的问题

我国的预算会计的含义与国外的政府会计基本一致。新中国成立后，我国效仿苏联预算会计基础模式。1997 年，我国对预算会计制度进行了重大改革，先后颁布了《财政总预算会计制度》《行政单位会计制度》《事业单位会计准则》和《事业单位会计制度》以及医院等特殊行业的会计制度，基本确立了以收付实现制为确认基础的预算会计制度。

采用收付实现制为核算基础的目的在于向财务报告使用者提供某一会计期间现金的筹集情况，使用情况以及报告现金的余额等信息，以满足管理者关注现金余额、控制现金变化的需要。收付实现制虽然具有简便易行、容易进行现金控制的优点，但是其缺点也非常明显。在中国的中央部门预算执行中，收付实现制有以下缺点①：

（1）收付实现制会导致超支和年底结余资金的增加

采用收付实现制的会计确认基础会低估当前支出，虚增部门可支配财力。一些资金虽然还没有支出，但是是属于"应付账"的款项，会在未来支出。收付实现制的会计基础导致部门官员高估部门的可支配资金增加支出，并可能最终导致超支。"在年度预算执行过程中，各级政府部门经常会遇到预算已经安排，但由于各种原因造成当年无法支付款项的问题。如果按照收付实现制的要求处理，容易造成当年结余不实，随着政府采购和国库集中支付办法的推广，类似的问题将会更加突出。"② 一些跨年度的大宗采购项目，当期虽已发生但尚未支付的部分资金会导致预算资金结余虚高。

（2）收付实现制会导致挪用和会计操作预算调整资金的增加

以收付实现制为确认基础的会计记账方式更关注现金的收支行为，不利于区分经常性支出和资本性支出，为挪用资金提供便利。根据收付实现制确认基础的会计记账方式，财政拨款的到账和大宗商品款项的支出只在当时反映，并不在年度间分摊，支出部门可以更容易地通过会计操作套取财政资金。重复立项、重复拨款、少列支出的情况时有发生。

（3）收付实现制不利于对部门预算执行的监督与管理

收付实现制会计记账方式无法真实反映部门的真实收支行为，不利于监督部门和民众对部门的预算执行行为进行有效的审查和监督。一些部门利用收付实现制在费用发生期确认上存在缺陷，对于招待费、工程款项及大额经常性开支行为，常年在外面签字挂账延缓结账时间，形成部门的账外负债，逃脱了财政监督。另外，在报账过程中一些大额的业务活动在发票管理上也是随报随开，一方面影响了发票使用管理秩序，

---

① 徐德田. 浅谈政府会计改革——权责发生制. 改革与开放，2007（2）：10—11.
② 李征. 我国政府会计引入权责发生制的应用研究 [D]. 西南财经大学 2004 级 MPAcc 硕士学位论文，2007：9.

另一方面也造成当期预算收支信息失真。

总之，收付实现制会计弊大于利，在世界各国多受诟病。随着政府改革和预算改革的推进，中国的预算会计制度已经表现出很大的不适应性。政府会计改革的呼声越来越高，近几年国务院以及财政部表现出一定的改革愿望，但是一直没有付诸实施。

（二）政府会计改革是预算调整问责的必要工具

权责发生制会计可以减少超支、结余未清理、会计操作等预算调整方式的产生，有助于增强预算调整总额控制。此外，政府财务报告制度是核心预算机构、立法机构、民众了解预算调整信息、实施民主监督保证预算调整问责实现的必要工具。

1. 权责发生制会计有助于增强预算调整总额控制

权责发生制会计可以减少超支、结余未清理和会计操作预算调整方式的产生。"通过对现金资产、负债、收入、费用、利得与损失的计量，权责发生制会计将某会计主体的经营活动和影响它的交易、事项，与它的现金收入和现金支出联系了起来。因而，它能提供特定主体的资产、负债及其变动的信息，而仅限于核算现金收付的收付实现制是不能够提供的。权责发生制反映了所有资源，提供的信息全面完整。"[①] 中央部门的经营活动或者财政交易一旦发生即使没有用现金实际清偿负债也会计入"应付账款"中，避免给部门官员造成可支配财力以及年底结余资金虚高的假象。权责发生制会计有助于减少超支和结余未清理预算调整方式的产生。根据权责发生制会计，支出部门申报项目的财政拨款不仅反映在到款日在账目中，而且会在使用区间分摊，有助于减少由于不了解执行中的项目而造成的重复申报、重复立项现象，减少此类会计操作的产生。权责发生制只能有助于减少超支、结余未清理和会计操作等预算调整方式的产生而不能避免这些现象的产生。这些预算调整方式都属于

---

① 段海州. 论权责发生制在我国政府会计中的运用 [D]. 北京：首都经济贸易大学会计学院硕士学位论文，2005：9.

预算总额调整，减少这些预算调整有助于增强预算调整总额控制。

2. 政府财务报告制度有助于掌握预算执行信息

权责发生制基础上的政府财务报告制度是核心预算机构、立法机关和民众在财政年度中了解中央部门预算调整信息的重要渠道。目前中国仍然没有实行政府财务报告制度，即使建立了中央核心预算机构，它也很难有效获取各支出部门的预算调整信息，无法实现对支出部门的预算调整总额控制，更不要说立法机关和民众的监督了。

政府财务报告提供的信息至少能供报表使用者达到以下的目标："评价预算执行的符合性、分析政府的营运绩效、判断政府的财务状况、评价控制系统的运作情况、公共受托责任和财政透明度。"[①] 核心预算机构通过政府财务报告可以了解预算调整信息、资源分配和使用信息、成本信息、现金流动的动态变化、部门的财务状况及变动、政府偿债能力等信息。通过政府财务报告尤其是中短期报告可以及时了解预算执行信息，核心预算机构可以在掌握各部门预算信息的基础上加强预算调整总额控制，统揽全局统筹分配资源提高预算调整配置效率，立法机关和民众可以对预算调整进行有效监督，增强外部控制提高预算调整管理效率。总之，政府财务报告是实现预算调整问责的必要工具。

（三）关于政府会计的国际经验

根据国际会计师联合会（IFAC）在 1998 年发布的《政府财务报告指南》可见："可供各国政府改进其会计与报告系统的确认基础主要有四种：收付实现制、权责发生制、修正的收付实现制和修正的权责发生制。"[②]

"收付实现制，又称现金制，是指以现金的实际收付来确认交易或事

---

① 李征. 我国政府会计引入权责发生制的应用研究 [D]. 西南财经大学 2004 级 MPAcc 硕士学位论文，2007：24.

② 李强. 采用修正的权责发生制：改进我国总预算会计核算基础的思考 [J]. 教育财会研究，2010：3—5.

项，计算会计主体在某一会计期间现金收支之间的差额。"①

权责发生制是指在交易和事项发生时（并不是在现金或其等价物收到或支付时）确认其影响，并且要将其计入与之相关联的会计期间，并在该期间的财务报表中予以报告。换句话说，权责发生制记录的是经济活动而不是现金的收支，造成现金流动和经济活动的分离。

"修正的收付实现制是收付实现制的一种变体，即以某种方式对某些交易或事项采用非现金基础确认与报告，它通常有两种表现形式：附加期模式和附加披露模式。附加期模式是指在规定的追加期间（通常是 30 天或以下）对源于前一会计期间的现金收付，仍确认为前一会计期间的现金收支；附加披露模式是指在采用收付实现制的基础上，对于通常在权责发生制下确认的一些项目，提供附加的信息披露。"②

修正的权责实现制是权责实现制的一种变体，最常见的表现形式是对采用权责发生制的交易或事项的范围做出规定，规定范围内的情形采用权责发生制，其他情形采用收付实现制。

从 20 世纪 70 年代至 21 世纪初期，是西方国家推动权责发生制会计改革最活跃也是最有成效的一段时期。西方国家的政府会计改革主要分为三种类型：新西兰、英国、澳大利亚和加拿大采用的是完全的权责发生制会计；美国和法国采用的是修订的权责发生制会计；政府会计改革后德国中央仍然采用完全的收付实现制，地方政府采用的是修订的收付实现制会计。

1987 年，新西兰率先推动改革，明确政府各部门必须实行权责发生制会计和报告。③ 随后，大多数欧洲国家的中央政府和地方政府都经历了

---

① 李强. 采用修正的权责发生制：改进我国总预算会计核算基础的思考 [J]. 教育财会研究，2010：3—5.

② 李强. 采用修正的权责发生制：改进我国总预算会计核算基础的思考 [J]. 教育财会研究，2010：3—5.

③ 陈良忠. 政府会计核算基础变革的国际趋势及借鉴 [J]. 财务会计（A 会计），2004（3）：17.

从提出想法、建立概念、探索试验、建立标准到全面实施的改革阶段。[①]
"英国模式的政府会计基本上摆脱了传统的预算。英国的中央政府和地方
政府的所有活动都采用了权责发生制会计确认基础，预算本身也采用了
权责发生制。"[②] 1992 年，澳大利亚联邦政府和州政府开始在权责发生制
的基础上编制会计报表。澳大利亚权责发生制改革属于"整体推进型"，
将预算和会计完全接轨，实现真正意义上的完全权责发生制。

美国模式的政府会计以美国为代表，是一种基金会计模式，基金被
看作一种会计主体，设置相应的资产、负债、收入和支出科目，并各自
有平衡关系。"基金会计确认基础是权责发生制或修正的权责发生制。美
国政府会计基础比较复杂，美国州和地方政府按照公认会计原则的要求，
可支用基金或政务基金采用修正的权责发生制基础，不可支用基金或权
益基金采用权责发生制基础，政府整体或称政府层面的财务报表采用权
责发生制基础。"[③]

可见，西方各国虽然都致力于政府会计改革采用权责发生制，但是
基于各国的政治、经济、行政体制、预算制度的不同他们选择了不同的
改革道路，不同程度的采用权责发生制。

（四）中国中央部门政府会计改革方案

中国尚且没有建立现代预算制度，有着深厚的收付实现制会计传统，
中央各部门财务工作人员技术水平有限。基于以上情况，笔者认为中央
部门应该采用修正的权责发生制会计，并且建立中央部门财务报告制度
以保证中央部门预算信息的公开、透明准确和有效。

---

① 财政部会计司. 欧洲政府会计与预算改革 ［M］. 大连：东北财经大学出版
社，2005：8.

② 陈良忠. 政府会计核算基础变革的国际趋势及借鉴 ［J］. 财务会计（A 会
计），2004 (3)：17.

③ 李征. 我国政府会计引入权责发生制的应用研究 ［D］. 西南财经大学 2004
级 MPAcc 硕士学位论文，2007：10.

1. 采用修正的权责发生制会计

与收付实现制会计相比权责发生制会计的优点是显而易见的。权责发生制确认基础会计有利于真实反映部门的收支信息，有利于对部门的预算执行进行监督；控制部门的支出行为，避免年末结余虚高，增加挪用的难度有利于实现预算调整总额问责。但是权责发生制并不能有效避免会计操作。

修正的权责发生制主要是指在一定范围内的部门事项中引入权责发生制。根据中国当前的社会经济环境以及会计事项的特点建议在以下事项中引入权责发生制：首先，资产类部门引入权责发生制。"政府资产的权责发生制改革应从固定资产的权责发生制核算开始进行。固定资产不同于其他现金类资产，它具有价值耗费的特性，因此对于固定资产权益的确认和计量十分重要，应对政府及其部门运转过程中所耗费的固定资产成本通过分期计提折旧的方法予以确认和计量。"[①]

其次，负债类部分引入权责发生制。为了如实反映已形成的现时义务和实际支出，防范财政风险，政府预算会计中应付未付的款项和相应的支出（即隐形负债），应按权责发生制基础纳入预算会计的核算范围。"这样可以使隐性债务显性化，增加财务核算透明度，有利于加强预算政策的前瞻性，合理地安排预算支出。"[②]

再次，收支类部分引入权责发生制。收支类中跨期拨付业务的权责发生制核算。对于政府采购的货物或劳务入账的时间，现行的政府会计制度没有明确的规定，究竟是在收到货物时记账，还是在支付货款时记账，无论哪种做法都会对单位确认货物或劳务产生影响。"政府会计的权责发生制改革，应该从跨期拨付业务的权责发生制应用开始，从而解决现行的收付实现制造成的政府采购中出现的跨年度支付、采购尾款等业

---

① 李征. 我国政府会计引入权责发生制的应用研究 [D]. 西南财经大学 MPAcc 硕士学位论文，2007：31—33.

② 李征. 我国政府会计引入权责发生制的应用研究 [D]. 西南财经大学 MPAcc 硕士学位论文，2007：31—33.

务的会计核算无依据的问题。"①

2. 建立中央部门财务报告制度

预算执行中和预算执行的最后阶段，大多数国家的政府通常都要编制政府财务报告。各国一般都采用政府财务报告的形式向议会、利益相关者、公众等提供政府财务及预算执行的信息。审计机构也要对政府的财务报告和预算执行情况进行审计。在预算年度末或年中编制政府财务报告的主要目的是为各种使用报告的机构或个人提供详细和有价值的信息。"不过，有一些国家，例如中国，并未采用政府财务报告制度。"②在我国的正式文件中甚至连"政府财务报告"这一概念都还没有出现过，与之最接近的是每年财政部提供的中央部门预算执行情况报告，预算执行报告提供的信息非常有限，凭借这些有限的信息无法对中央部门预算执行情况进行有效审查和监督。

中央部门应该定期公布部门中期财务报告供财政部、全国人大常委会审查和监督。中央各部门向财政部提供年度财务报告，由财政部汇总后编制中央政府年度财务报告，提交后全国人民代表大会审议，并在财政部以及全国人大常委会网站公开供民众监督。财务年度报告向纳税人说明收入是如何用于提供各种服务，向债券人和投资者提供关于政府财务状况的信息以帮助他们判断是否可以购买某个政府债券。中期报告以及短期报告（例如日、周报告）主要用于内部目的，即用于监督预算执行和预测哪些部门在财政年度中可能没有足够的资金来运行它们的项目。③

---

① 李征. 我国政府会计引入权责发生制的应用研究 [D]. 西南财经大学 MPAcc 硕士学位论文，2007：31—33.

② 楼继伟. 政府预算与会计的未来 [M]. 北京：中国财政经济出版社，2001：138.

③ [美] 罗伯特·D. 李，罗纳德·约翰逊. 公共预算系统 [M]. 北京：清华出版社，2002：340.

四、预算执行审计与预算调整问责

建立中央核心预算机构有利于实现预算调整总额控制，实行分层管理有利于实现预算调整管理效率和预算调整配置效率，进行政府会计改革是实现预算调整问责的必要工具，预算民主是最根本的预算调整问责路径，而预算执行审计是预算调整问责的纠偏机制。对于偏离预算调整目标的预算调整行为中央部门预算执行审计具有预警、纠偏和协助责任追究的功能。

（一）预算执行审计是预算调整问责的纠偏机制

1994 年 8 月 31 日，第八届全国人大常委会第九次会议审议通过了《中华人民共和国审计法》，此法自 1995 年 1 月 1 日起施行。从 1995 年开始，国家审计实行了"同级审"和"上审下"相结合的财政审计监督制度，这一制度根据财政综合预算，对财政部门组织预算情况和各部门的具体预算执行情况进行审计，形成了我国的预算执行审计监督体系。自 1997 年开始，审计署在每年的六七月份公布上年度《中央预算执行和其他财政收支的审计报告》（以下简称审计报告），正是得益于这项制度笔者才能获得具有连续性的非常珍贵的预算调整数据进行研究。中央部门预算执行审计可以审查出偏离预算调整目标的预算调整行为，在可能的情况下对其进行纠正，如果由于审计的滞后性一些错误无法纠正，预算执行审计仍然具有一定的威慑和预警作用。对于违法违纪的预算调整行为依据法律法规追究其责任。因此，中央部门预算执行审计是实现预算调整目标的纠偏机制。但是中央部门预算执行审计尚存在一些问题。

（二）预算执行审计的纠偏能力较弱

中央部门预算执行审计的力度直接影响到其对预算调整的纠偏能力

和责任追究能力，审计报告直接反映了审计机关的审计水平和规范化程度。由于审计机关在行政体制中处于依附地位导致中央部门预算执行审计力度有限，政府首脑对审计工作的影响导致审计力度和审计内容的不确定。

1. 预算执行审计力度有限

审计署隶属于国务院，其在行政体制中的依附地位影响了预算调整审计的效力。《中华人民共和国审计法》第七条规定，国务院设立审计署，在国务院总理领导下，主管全国的审计工作。审计长是审计署的行政首长。第十一条规定，审计机关履行职责所必需的经费，应当列入财政预算，由本级人民政府予以保证。也就是说审计署与中央其他部门一样在人事上接受国务院的领导，其经费开支由财政部负责。国务院是审计署的领导机关、财政部是审计署的经费管理机关、中央其他部门是审计署的同级机关，作为审计机关没有高于被审计机关的权力，那么审计工作的进展就会很困难。虽然《审计法》第十五条规定："审计人员依法执行职务，受法律保护。任何组织和个人不得拒绝、阻碍审计人员依法执行职务，不得打击报复审计人员。审计机关负责人依照法定程序任免。审计机关负责人没有违法失职或者其他不符合任职条件的情况的，不得随意撤换。"[①] 但是审计署的审计工作并没有法律条文规定的那么轻松，一方面要尽力审计出预算执行中存在的问题，另一方面又必须在错综复杂的关系中取得均衡。总之，我国的审计管理体制紧紧依附于行政管理体制使国家审计机关很难对中央部门预算执行情况进行无所禁忌地审计，也因此限制了审计出的预算调整行为的广度和深度。

2. 审计力度和审计内容不稳定

行政文化中对行政权力的崇拜使审计工作表现出强烈的行政主导特性，深受行政领导的影响。审计署的领导权掌握在国务院手中，每年的审计重点和审计方向由国务院决定，审计署属于"指哪儿，查哪儿"一类的。如果国务院重视地铁项目，那么审计署就会加强对相关项目的审

---

① 全国人民代表大会. 中华人民共和国审计法 [Z]. 1994.8.

查；如果国务院重视汶川地震救灾资金的使用，审计署就会加强对救灾资金的审查。甚至如果国家领导人重视审计工作，审计署的审计工作就会大刀阔斧，如果国家领导不重视审计工作那么审计署就会默默无闻。此外，审计署审计长的政治影响力、个人魅力和做事风格都会对审计署的中央部门预算执行审计工作产生重大影响。在李金华担任审计长时期，2003年、2004年和2006年三次"审计风暴"揭露了很多预算调整问题，但是刘家义担任审计长之后，对中央部门预算执行的审计力度就不如李金华时期那样猛烈。虽然刘家义担任审计长之后预算调整金额在下降之后又出现回升态势，但是其审计出的预算调整很多与结余资金相关，而对结余资金的审计政治压力小得多，这可能是一种政治策略。

3. 缺乏"标准化"审计

审计署对中央部门预算执行的审计并没有一个统一的审计准则可以参考。审计署没有对中央部门预算执行中存在的问题进行类别和等级的划分，甚至在审计报告的结构和行文上都有很大的主观性和随意性。中央部门预算信息不透明，审计报告缺乏统一性和专业性，这不利于民众和专业机构对审计结果进行核查和评估。民众只能从审计出的金额主观上感觉到审计力度的大小，"审计风暴"的强弱，并不能通过审计报告了解中央部门预算执行中存在的问题。不能了解哪些部门进行了何种方式的预算调整、具体金额多少，与往年相比预算调整方式是否有所改变，预算调整金额是否增加。中央部门间预算调整方式和预算调整金额有何不同。没有分类和标准，就没有比较；没有比较就很难发生问题的本质；没有发现问题的本质也就无法"釜底抽薪"彻底解决问题。

（三）关于审计模式的国际经验

不同的国家采用的审计模式不同，取得的效果也不同。中国应该在借鉴国际经验的基础上根据中国的国情选择适合的审计模式。

为了提高政府的公信度，增强公共资金使用信息的客观、公正和透明，就必须保证政府审计的独立性，这也是各国政府审计不断追求的目标。因此，无论各国使用的是什么类型的审计模式，审计的独立性永远是被强调的重点内容。审计独立性是为两个极其重要的目标而设立的。一是政治考虑，在权力之间建立一种制约平衡的机制。二是保护纳税人的利益，确保公共资金用于正确的目的。换句话说，审计的独立性本身不是目的，而是实现审计效力的一种手段，也是审计的本质特征。不过，不同的审计模式所具有的审计独立性是不同的。

目前，根据审计机关的隶属，世界各国的政府审计模式主要有四种：立法型审计、司法型审计、行政型审计和独立型审计。① 独立型审计国家的最高审计机关独立于三权之外，即独立于立法、行政和司法之外。德国和日本实行这种审计模式，在所有的审计模式中具有最高的独立性和权威性。② 立法型审计国家的最高审计机关隶属于立法机构，这种模式最早由英国确立，美国、加拿大、澳大利亚等国也采用这一模式，具有次高的独立性。司法型审计，国家的最高审计机关是以审计法院的形式存在的。这种审计模式主要起源于法国，意大利、西班牙现在也采用这种审计模式。在这种审计模式下，审计机关的地位也非常高，但与前两种审计模式相比稍弱一些。行政型国家的最高审计机关隶属于政府，是政府的一个职能部门，它根据政府赋予的权限进行审计并对政府负责，中国和瑞典实行这种审计模式。与其他三种审计模式相比，行政型审计模式的独立性和权威性都最弱。

（四）提升预算执行审计的纠偏能力方案

虽然独立性是审计有效性的前提，但是并不是说独立型审计模式适合于任何国家，一个国家只要实施独立型审计模式就可以取得最佳的效果；反之，我们也不能说一个国家选择了行政型审计模式就是一种错误

---

① 闫革，李文良. 西方国家政府审计与完善我国政府审计制度 [J]. 国际关系学院学报，2005（1）：43—47.

② 闫革，李文良. 西方国家政府审计与完善我国政府审计制度 [J]. 国际关系学院学报，2005（1）：43—47.

的选择。换言之，审计独立性会受到特定审计主体和审计环境的影响，包括审计权限、审计资源、审计人员的素质、审计技术方法、政治制度、社会舆论等因素。①

综合考量中国的政治制度、行政体制、审计人员素质、审计技术方法等多方面的因素，中国当前不论在中央层面还是在地方层面都不具备进行审计模式变革的基础，并且即使对审计模式进行变革其效果不一定优于当前的行政审计模式，甚至会更差。就中央层面来说，全国人民代表大会是最高的权力机构，虽然"橡皮图章"的境地已经改变，但是仍与宪法赋予的权力有一定的差距，在全国人大常委会下设审计署其独立性远不如当前在国务院下设审计署，因此，立法型审计不适合中国。根据宪法的规定，最高人民法院是与国务院并列的国家机关，但是实践中最高人民法院的权能要略低于国务院，建立最高审计法院从级别上说要高于现在的审计署，但是由于我国法治意识比较淡薄，建立审计审计法院不具有可行性。以审计署当前的审计经验和审计能力尚不足以建立完全独立的国家审计机关，更重要的是即使建立完全独立的国家审计机关也很难获得与其相匹配的独立的审计权力，因此中国建立独立型国家审计机关的条件尚不成熟。行政型审计模式仍会在中国存在相当长的时期。

在短期内无法实现组织变革的情况下，提高预算执行审计水平成为首要选择。中国审计署应该借鉴美国的经验制定审计准则为规范政府审计活动和控制政府审计质量提供依据，也为非政府审计机构复核审计结果提供可能。早在1972年美国审计总署就制订了政府审计准则，政府审计准则（2003）在"与质量控制与保证相关的一般准则"中规定："每一个按照政府审计准则（GAGAS）执行审计或鉴证业务的审计组织应该建立适当的内部质量控制系统并接受外部同业复核。"②"按照 GAGAS 执行审计和鉴证业务的审计组织应该至少每三年接受一次独立于被检查组

① 李联合. 对西方国家审计独立性的思考 [J]. 中国审计，2001（9）：60.
② 王芳. 政府审计质量的影响因素研究——基于需求方与供给方视角的分析 [D]. 复旦大学会计学院博士学位论文，2009：72—73.

织的检查者对其审计和鉴证业务进行的外部同业复核。外部同业复核在复核期间应该确定被检查审计组织的内部质量控制系统是否充分，被检查审计组织是否遵循质量控制政策和程序，为遵循适用的专业准则提供合理的保证，审计组织应该根据外部同业复核的结果采取适当的补救措施。"① 在借鉴美国及其他国家经验的基础上制定适合中国国情的政府审计准则，并向审计署输送一批具有专业审计技能的人才，审计署的审计能力将会大大提高，每年的审计报告水平也会相应提高。审计署对中央部门预算调整的审计也会更为真实和准确，从而提高审计署预算执行审计对预算调整的纠偏能力。

五、预算民主与预算调整问责

在中央部门预算执行过程中，部门官员负责公共预算资金的分配或使用，而公民或纳税人才是公共预算资金的真正供给者，部门官员受纳税人或公民的委托管理公共预算资金为他们提供公共产品，那么部门官员必须要接受纳税人或公民的监督，民选代表还要代表公民监督部门官员的预算行为。预算调整问责是中央部门预算调整必须承担的受托责任，而中央部门预算调整问责从根本上来讲就是中央部门在预算执行中的预算调整行为要对民众负责，受民众的监督。因此，预算民主是最根本的预算调整问责路径。本书主要从立法机关监督、预算信息公开和民众参与三个方面来思考实现预算民主的路径。

在中央部门建立核心预算机构是行政预算体制发展的必然结果。与双轨预算管理体制相比，建立核心预算机构有利于通过核心预算机构的问责提高预算管理效率。由于预算分配权和预算管理权向核心预算机构高度集中，因此必须加强对核心预算机构的监督。第三章的分析也证明

---

① 王芳. 政府审计质量的影响因素研究——基于需求方与供给方视角的分析[D]. 复旦大学会计学院博士学位论文，2009：72—73.

了，预算调整有随着预算分配权的转移而转移的倾向。因此，要实现中央部门的预算调整问责首先要加强中央预算部门分配权的监督，也就是说要增强对核心预算机构的监督。

（一）预算民主是实现预算调整问责的根本路径

预算调整"有效控制"目标包括三个方面的内容：预算调整总额控制、预算调整配置效率和预算调整管理效率。任何一项内容的实现都必须以预算民主为保障：没有民主监督无法实现预算调整总额控制，没有民主监督无法提高预算调整配置效率，没有民主监督无法提高预算调整管理效率。

1. 预算民主保障预算调整总额控制的实现

核心预算机构在行政机构内部保证中央部门预算调整总额控制的实现，而立法机关是保证预算调整总额控制的最重要外部力量。在中国中央层面预算编制阶段的内部总额控制是通过财政部下达预算控制数实现的，而全国人民代表大会通过预算案实现了外部总额控制。中央部门在预算执行中不得突破全国人大会审议通过的预算案总额，如果突破总额控制必须履行相应的预算调整程序，接受立法机关的监督。但是现行的《预算法》只是对增加举债的情况做出了规定，并没有规定削减支出的情况。全国人民代表大会会期很短，预算调整大多在全国人民代表大会闭会期间发生，因此，全国人大常委会作为全国人民代表大会的常设机构是最重要的民主监督机构。

2. 预算民主保障预算调整配置效率的实现

预算调整是在预算执行中对年初预算安排的支出优先性发生改变，预算调整配置效率要求调整后的支出优先性要优于年初预算的安排。但是政府支出与企业支出不同，没有唯一的标准来衡量谁是最优的。在一个民主的国家，往往民意会超过技术的测量成为优先性排序的重要标准。这一点在预算调整中比在年初预算中表现得更为突出：通过预算调整获取年初预算没有获得的利益，应对政治压力，回应某些时间引起的民主关注焦点改变等等。民众参与能有效保证项目优先性的调整符合民意，因此，立法机关的监督特别是民众的参与就成为提高预算调整配置效率的重要保证。

3. 预算民主保障预算调整管理效率的实现

控制和灵活性的均衡是实现预算调整管理效率的第一要素。希克认为，发展中国家或者处于过渡时期的国家应首先建立起外部控制，然后才能安全转向内部控制和责任控制。① 立法机关和民众的控制是建立外部控制的重要力量。强大的立法机关能够控制预算调整的发生，减少不必要预算调整和处于私利和部门利益的预算调整，从而提高公共预算资金的使用效率。强大的民众监督可以影响项目优先性排序，通过预算调整将民众支持项目纳入预算支出计划之中。

（二）中央部门预算调整民主存在的问题

实践中，中央部门预算调整民主监督力量非常微弱，主要存在以下几个问题：

1. 立法机关预算调整监督乏力

实践中立法机关只对增加举债具有监督权，并且这种监督仅仅局限于投票表决权。立法机关对不影响收支平衡的追加拨款、追加支出、削减支出、预算外收入等预算总额调整以及经费流用、预算调整剂、动用预备费等预算结构调整都没有监督效力。此外，立法机关的监督只是投票表决是否通过财政部提出的预算调整方案，而没有分项表决权和预算调整方案修订权。当立法机关部分同意预算机构提出的预算调整方案时仅仅拥有投票表决权会使立法机构陷入两难境地：如果同意预算调整方案，那么立法机关反对的那部分预算调整方案也要付诸实施；如果反对预算调整方案，那么立法机关同意的那部分预算调整方案将无法实施。只有赋予立法机关分项表决的权力和修改预算调整方案的权力，立法机

① ［美］艾伦·希克. 当代公共支出管理方法［M］. 北京：经济管理出版社，2000：113.

关才能实现真正的民主监督。

2. 民众参与和监督渠道不畅

中国中央部门的预算信息正式尝试公开，但是公开的信息仍远远不够，就目前一些部门公开的简单数据，民众尚无法了解预算调整信息。民众无法获得相关信息的情况下，民众监督就成为无稽之谈。民众监督无法实现，民众参与就更为困难了。安徽省从 1999 年下半年开始，在全国率先实行预算追加听证制度，即财政部门组织预算追加听证时，将邀请本级人大及其常委会有关机构，本级人民政府法制、审计、监察等有关部门，申请预算追加项目的有关部门、单位代表及有关方面的专家参加。① 2009 年，重庆市在全国率先实行预算追加听证制度，对预算单位申请追加财政资金实行听证的情况。② 但是这种预算调整民众参与都如昙花一现，在"华丽亮相"之后很快"凋谢"。只有新河镇通过民主恳谈预算调整监督持续了较长时间。但是新河现象只是个别现象，并不能代表全国的预算调整监督状况。更重要的是所有这些预算调整民众参与萌芽都出现在地方甚至基层政府，中央部门预算调整民众监督至今没有出现突破。

（三） 推进中央部门预算调整预算民主方案设计

全国人大常委会对中央部门的预算执行监督实施监督的权力，直接来源于宪法和法律的规定和授权，从其权力来源和授权主体的地位来看，它无疑具有最高权威性。2007 年 1 月 1 日开始施行的《中华人民共和国各级人民代表大会常务委员会监督法》（以下简称监督法），这部法律为全国人大常委会的预算监督工作提供了法律支撑。全国人民代表大会每年通常只召开一次会议，而且仅仅有不到半个月的时间，在全国人民代表大会上全国人民代表对财政部提交的预算草案进行审议，审议通过之

---

① 杜见良. 为"实行预算追加听证制"叫好 [J]. 湖北审计，2000 (10)：10.

② 何志浩. 重庆市实行预算追加听证制度述评 [J]. 黑龙江对外经贸，2009 (6)：145—146.

后预算案才具有其合法性和法律处效力。每年的全国人民代表大会只有几天，几乎所有的预算都是在人大会闭会期间进行的。全国人民代表大会主要负责对预算编制的审计和监督，而全国人大常委会则负责中央部门预算执行的监督。因此，要加强预算执行中预算调整的监督主要是要增加全国人大常委会的监督。

1. 加强全国人大常委会的预算调整监督

虽然全国人民代表大会是中华人民共和国的最高权力机关，全国人民代表大会常委会在人大会闭会期间代行全国人民代表大会的职责，但是现实中全国人大常委会对预算调整的监督是非常有限的，预算调整尤其是预算结构调整主要是行政部门的权力范围，人大常委会和民众都很难进行监督。虽然《预算法》赋予了全国人大常委会监督中央部门预算执行、审议和批准中央政府预算调整方案的权力，但是自《预算法》颁布实施以来，全国人大常委会对预算调整的监督主要体现在对 1998 年、1999 年、2000 年、2008 年和 2016 年五次立法层预算调整的监督。

（1）通过法律强化全国人大常委会预算监督权

《中华人民共和国全国人民代表大会常务委员会监督法》的出台，对于我国人大监督工作是一个总纲性、原则性的工作规范，为全国人大常委会监督中央各部门预算执行中的预算调整提供了有力的法律依据。但与人大预算监督密切相关的预算法、审计法等法律法规还有待及时更新与完善，很多具体的内容需要进一步细化和规范，如"1994 年的《预算法》虽然预算法规定在预算执行中因特殊情况需要增加收入和减少支出（即进行预算调整）时人大有权监督政府的预算调整，但是，它没有进一步明确定义'特殊情况'的内容，也没有明确说明哪些特殊情况需要通过预算调整来解决，哪些需要动用特殊用途的预备费来解决。其次，关于预算调整，预算法规定只有当预算调整后预算仍然不平衡时才需要报人大常委会审批，而没有规定预算调整后达到平衡是否还需要人大审批。这就为政府在人大监督之外进行预算调整创造了机会。例如，在年初编制收入预算时留有余地，执行中尽量多收，从而形成一部分政府可以自由支配的资金，从而使得人大对于预算调整的审批形同虚设"①。应该出台一个全国人大常委会预算监督专项法规，明确规定全国人大常委会监督的范围、内容、程序，对预算监督做出严格的操作性强的规定，增强监督的实效性。具体规定对核心预算机构的审查、对超收收入使用的审查监督，对预算外资金使用等方面的监督。

（2）提升全国人大常委会预算监督机构组织地位

全国人民代表大会常务委员会下设民族委员会、法律委员会、内务司法委员会、财政经济委员会、教科文卫委员会、外事委员会、华侨委员会、环境与资源保护委员会和农业与农村委员会。财政经济委员会又下设预算工作委员会负责预算的初审和预算监督工作。因此，预算工作委员会属于厅局级单位，而中央各部门都属于省部级单位。从法律上讲，预算工作委员会有权力对中央各部门的预算行为进行审查和监督，但是中国的人大机关并没有树立起应有的强势地位，并且有深厚的行政等级意识，以预算工作委员会的权力不足以对中央部门预算执行行为进行有效的审查和监督，更不用说预算调整行为了。建议将预算工作委员会提升为与财政经济委员会并列的省部级单位，提升其组织地位，促进其对中央部门特别是核心预算机构预算调整行为进行审查。

2. 增加中央部门预算调整透明度

预算调整透明是实现预算调整问责的最基本条件。首先，如果预算调整缺乏透明度，那么中央部门官员就可以在预算执行过程中随意地进行预算总额的调整和预算结构的调整，由于外界无法了解预算调整相关信息，部门官员就没有压力考虑承担相应的责任；其次，预算调整缺乏透明度很难实现预算调整总额控制、预算调整配置效率和预算调整管理效率。总之，预算调整过程不透明，预算调整问责就是沦为空谈。

每年3月份国务院向全国人民代表大会提交上年度中央和地方预算执行和下年度预算草案供人大会审议，并且在每年6月份将上一年度的

---

① 张洁. 人大常委会预算执行监督研究 [D]. 上海交通大学国际与公共事务学院. MPA, 2007：37—40.

中央决算草案提请全国人民代表大会常务委员会审查和批准。预算的编制和决算还能在一定程度上公开，历年的预算执行情况只是对预算执行总额和某些大类的简要通报，无法了解中央部门具体的预算调整信息，可以说，预算的执行过程是一个"黑箱"。这是进行预算调整监督、实现预算调整问责的最大困难。

首先，中央部门预算调整透明度最大的难点在于中央部门官员缺乏预算法制的意识。一些部门和一些官员仍然将预算作为秘密级的文件，拒绝公开。殊不知民众是预算的真正主人，人大代表是民众选出的代为行使监督责任的代理人，中央部门只是受托人。预算的主人没有资格看预算文件，这是何等荒唐？当然近几年在一些专家学者和有识之士的呼吁之下，中央部门开始公布一部分预算。但是所谓的预算公开只是一张不到一页的表格，只能反映中央部门几个大类的收支总额，根本无法反应中央部门的预算调整信息。

其次，中央部门当前采用的政府会计制度制约了中央部门预算的透明度。收付实现制会计确认方式无法真实反映某一时期内中央部门的预算信息，只能反应中央部门的现金流动。更为重要的是，中央部门尚未实行财务报告制度，中央部门本身也没有年度的财务报告更不要说月度、季度的财务报告。即使中央部门有意公开，他们公布的会计账簿也是"内行人看不透，外行人看不懂"，对人大常委会和民众对中央部门预算执行中预算调整监督的作用也是非常有限的。只有实行财务报告制度，中央部门才能更全面了解本部门的预算信息，在此基础上的公开才能为人大常委会和民众的监督提供有效的信息。

3. 设立中央部门预算调整民主监督平台

预算改革以来，中国尚没有形成中央部门预算民众监督的传统。从政府层级上来说，中央政府并不直接与民众发生接触。似乎只有地方政府的预算才会影响到民众的利益。其实不然，地方政府必须服从中央政府，地方部门必须服从中央部门，地方政府和部门很多时候是在代行中央政府和中央部门的政策。中央政府和中央部门是很多地方政府政策的源头。以2008年中央政府及部门出台的四万亿投资计划为例，这项政策的出台以及由此项政策联动的各地方政府的配套政策对中国民众的利益和生活发生了巨大的影响。四万亿的预算调整，民众是不是应该有参与的权力，中央部门是不是有义务设立民众参与的平台？

中央部门需要进行重大预算调整时必须设立民众参与平台，为民众提供参与的机会和渠道。在信息化社会，可以考虑设立同时设立多元化的民众参与和专家参与平台，比如：听证会、研讨会、网络公民问卷等方式。

结论与展望

本书在构建预算调整一般框架和中央部分预算调整分析框架的基础上分别对中央部门立法审批的预算调整和政府审批的预算调整进行了实证分析。实证分析的结论认为 1998-2021 年期间中央预算调整问责水平并没有明显提高。于是笔者根据实证分析得到的影响预算调整问责的关键因素设计了提升预算调整问责水平的一些方案。

一、中央部门预算调整实证分析结论

立法审批的预算调整的检验证明 1998-2021 年期间中央部门预算调整管理效率低下；对预算总额调整的检验表明 1998-2021 年期间中央部门预算调整总额控制并不成功；对预算结构调整的分析表明中央部门对预算结构调整的放任和忽视无法保证预算调整配置效率的实现。只有达到预算调整总额控制、预算调整配置效率和预算调整管理效率三个目标才能实现预算调整问责，以上分析和推理可以得到最终结论：1998-2021 年期间中央预算调整问责水平并没有提高。预算管理权是影响预算调整的关键因素，预算调整伴随着预算管理权的转移而转移。中央预算管理部门是促进预算调整总额增长的关键部门。影响中央部门实现预算调整问责的预算调整方式主要三类：责任主体为预算管理机构的闲置、结余未清理、动用往年结余资金、提前或拖延和追加拨款；责任主体为支出部门的预算调整方式挪用和会计操作；预算管理部门和支出部门都经常发生的预算调整方式预算外收入。

二、中央部门预算调整问责路径选择

综上所述，笔者认为建立中央核心预算机构有利于实现预算调整总额控制，实行分层管理有利于实现预算调整管理效率和预算调整配置效率，进行政府会计改革是实现预算调整问责的必要工具，预算民主是实现预算调整问责的根本保证，而预算执行审计是预算调整问责的纠偏机制。这几个方面的改革能够完善预算调整问责路径，促进预算调整目标的实现。

建立中央核心预算机构有利于通过核心预算机构的问责实现中央部门预算调整总额控制。中国当前的双轨预算管理体制催生多种预算总额调整，又缺乏实现预算调整总额控制的必要权威。只有建立核心预算机构才能控制预算总额调整，树立核心权威。建议将目前的财政部的预算机构（预算处和业务处）的一部分和发展与改革委员会合并在一起，或者直接将发展与改革委员会转变成这个新的预算管理委员会。这个新的委员会必须融合传统预算的控制功能和现代预算的政策功能，核心预算机构需要扮演反对者、信息管道、政策分析者等多种角色。核心预算机构必须以不信任的态度审查支出部门提出的预算调整方案，必要时驳回支出部门的预算调整请求，从而实现其管理范围内的预算调整总额控制。核心预算机构一方面要作为政策分析者对公共政策进行充分的论证和分析，另一方面要作为支出部门和政府首脑的信息管道，实现支出部门和政府首脑有效的信息沟通，并将政府首脑的政策充分体现在预算中，实现预算过程和政策过程的衔接，减少由预算过程和政策过程分离导致的预算调整。并给予对所有部门预算执行信息的充分把握增强预算调整总额控制。

预算调整分层管理有利于提高预算调整管理效率和预算调整配置效率。但是当前中国中央层面预算调整管理分层不清晰造成预算调整管理的混乱，明确划分预算调整层次，施行预算调整分层管理有利于实现预算调整问责。预算调整分层管理由于明确了中央部门不同内容和幅度预算调整的灵活性以及需要遵守的预算调整规则，有利于实现预算调整控制和灵活性的均衡，从而有助于提高预算调整管理效率。此外，预算调整是预算执行中的"二次资源配置"，预算调整分层管理为"二次资源配置"设定了行为规范，能有效规范预算调整的"二次资源配置"行为，突出预算结构调整的管理，有助于提高预算调整配置效率。

政府会计是预算调整问责的必要工具。建立中央核心预算机构还不足以加强预算调整总额控制，因为核心预算机构树立权威、发挥政策职能除了需要以法律的形式授予其相关职能之外，也需要相关配套措施来保证其实现这一职能。核心预算机构要统揽全局、掌握各部门的预算编制和预算执行信息必须以良好的政府会计制度为基础，然而当前的收付实现制会计不足以保证其获得相关的信息。权责发生制基础上的政府财务报告制度是核心预算机构、立法机构、民众了解预算调整信息、实施民主监督保证预算调整问责实现的必要工具。此外，权责发生制会计不仅可以减少超支、结余未清理、会计操作等预算调整方式的产生，有助于增强预算调整总额控制。中央部门应该采用修正的权责发生制会计，并且建立中央部门财务报告制度以保证中央部门预算信息的公开、透明、准确和有效。

预算民主是最根本的预算调整问责路径。中央部门预算调整问责保障预算调整目标的实现，而中央部门预算调整问责从根本上来讲是指中央部门在预算执行中的预算调整行为要对民众负责，受民众的监督。预算调整目标主要包括三个方面的内容：预算调整总额控制、预算调整配置效率和预算调整管理效率。任何一项内容的实现都必须以预算民主为保证：没有预算民主无法实现预算调整总额控制，没有预算民主无法提高预算调整配置效率，没有预算民主无法提高预算调整管理效率。中央部门预算调整民主监督立法机关监督乏力，民众监督不畅。因此需要提升全国人大常委会的监督能力，提高预算调整透明度，设立预算调整民众监督平台，拓宽民众监督渠道。

中央部门预算执行审计的力度直接影响到其对预算调整的纠偏能力和责任追究能力。由于审计机关在行政体制中处于依附地位导致中央部门预算执行审计力度有限，从而限制了审计出的预算调整行为的广度和深度，政府首脑对审计工作的影响导致审计力度和审计内容的不确定，缺乏标准化审计。总之，中央部门预算执行审计水平较低。就中国的行政体制现状在短时间内实现独立型审计或者立法性审计的改革不太现实，因此只有通过提高审计的标准化和审计技术来提升审计能力，进而提高其对预算调整的纠偏能力。对于偏离预算调整问责的预算调整行为，中央部门预算执行审计具有预警、纠偏和协助责任追究的功能。

三、后续研究展望

任何一项研究在取得进步的同时都有局限性，受限于前期研究的程度、社会的发展状况、本人的研究水平等各个方面的因素。本书采用的政府层预算调整数据不是直接从中央部门获得的准确全面的预算调整数据，而是从历年的《审计报告》中间接获得的，《审计报告》中的数据只包括审计署审计出的预算调整数据无法包括他们没有审计或者没有审计出的数据。因此，《审计报告》中的预算调整数据与中央部门真实发生的预算调整数据是有一定差距的。获取预算调整数据的困难不仅仅在于笔者无法深入中央各个部门索取数据而在于就目前的预算制度以及会计制度，中央部门本身都很难获得全面准确的预算调整数据。此外，《审计报告》中关于支出部门的预算调整数据大多是合并统计的，没有明确责任主体，笔者只能把所有支出部门作为一个整体来分析，而实际上各个部门由于职能的不同差距很大，这种分析方法会影响研究的深度和精度。基于以上研究的局限笔者拟在以下几个方面展开后续研究。

1. 进行部门个案研究

如果获得所有中央部门的数据比较困难的话，那么笔者将尝试获取某一个具体部门的预算调整数据。通过对某一部门的预算总额调整、预算结构调整、预算调整方式、预算调整策略等方面的分析发现具体部门的预算调整内在机理及其存在的问题，并探索具体部门实现预算调整问责的策略。随着预算信息公开的推进，相信这一目标在不远的将来可以达成。

2. 进行部门分类研究

中央部门之间具有很大的差异性。每个部门在财政收支规模、预算调整权力和预算外收入等方面都具有很大的不同，如果要进行深入的研究必须对中央部门进行分类甚至赋值的方式来研究，才能真正了解中央部门预算调整的全貌探索实现预算调整问责的路径。

3. 进行地方政府预算调整问责研究

全国的预算调整是一个系统，各个政府层级的预算调整是紧密相关的，很多预算调整的问题在各个政府层面都表现出很大的相似性，一些实现预算调整目标的政策方案也具有全国性，例如政府会计。仅仅依赖中央部门的预算调整问责是不够的，只有实现各个政府层级的预算调整问责才能更有力促进财政问责的实现和有责任政府的塑成。

参考文献

一、法律法规及政府报告

[1] 财政部. 中央本级项目支出预算管理办法 [Z]. 2007. 5.

[2] 财政部. 中央固定资产投资项目预算调整管理暂行办法 [Z]. 2007. 6.

[3] 财政部. 中央本级基本支出预算管理办法（试行）[Z]. 2007. 7.

[4] 财政部. 中央部门财政拨款结转和结余资金管理办法 [Z]. 2010. 1. 18.

[5] 财政部. 中央固定资产投资项目预算调整管理暂行办法 [Z]. 2007. 6. 12.

[6] 国务院. 中华人民共和国财政部主要职能 [EB/OL]. [2011-04-08]. http：//www. mof. gov. cn.

[7] 国务院. 发改委主要职责 [EB/OL]. [2011-04-08]. http：//www. sdpc. gov. cn.

[8] 国务院. 中华人民共和国预算法实施条例 [Z]. 1995. 11.

[9] 广东省人民代表大会. 广东省预算审批监督条例 [Z]. 2001. 2.

[10] 全国人民代表大会. 中华人民共和国预算法 [Z]. 1994. 3.

[11] 全国人民代表大会常务委员会. 全国人民代表大会常务委员会关于加强中央预算审查监督的决定 [Z]. 1999. 12.

[12] 全国人民代表大会. 中华人民共和国审计法 [Z]. 1994. 8.

[13] 李金华. 关于 1998 年中央预算执行和其他财政收支的审计工作报告 [R]. 1999. 6

[14] 李金华. 关于 1999 年中央预算执行和其他财政收支的审计工作报告 [R]. 2000. 7.

[15] 李金华. 关于 2000 年度中央预算执行和其他财政收支的审计工作报告 [R]. 2001. 7.

［16］李金华. 关于 2001 年度中央预算执行和其他财政收支的审计工作报告［R］. 2002.6

［17］李金华. 关于 2002 年度中央预算执行和其他财政收支的审计工作报告［R］. 2003.7.

［18］李金华. 关于 2003 年度中央预算执行和其他财政收支的审计工作报告［R］. 2004.6

［19］李金华. 关于 2004 中央预算执行和其他财政收支审计工作报告［R］. 2005.6

［20］李金华. 关于 2005 年度中央预算执行的审计工作报告［R］. 2006.6

［21］李金华. 关于 2006 年度中央预算执行和其他财政收支的审计报告［R］. 2007.6.

［22］刘家义. 关于 2007 年度中央预算执行和其他财政收支的审计工作报告［R］. 2008.6.

［23］刘家义. 关于 2008 年度中央预算执行和其他财政收支的审计工作报告［R］. 2009.6

［24］刘家义. 关于 2009 年度中央预算执行和其他财政收支的审计工作报告［R］. 2010.6

［25］项怀诚. 关于提请审议增发国债用于加快基础设施建设和今年中央财政预算调整方案（草案）议案的说明［R］. 1998.8.

［26］项怀诚. 国务院关于提请审议财政部增发国债用于增加固定资产投入和今年中央财政预算调整方案（草案）的议案的说明［Z］. 1999.8.

［27］项怀诚. 关于提请审议增发长期建设国债用于增加固定资产投入和 2000 年中央财政预算调整方案（草案）议案的说明. 2000.8.21.

［28］谢旭人. 关于提请审议 2008 年中央预算调整方案（草案）的议案的说明［R］. 2000.8.21.

二、中文文献

［1］安秀梅. 公共治理与中国政府预算管理改革［M］. 中国财政经济出

版社，2005.

[2] 财政部预算司. 中央部门预算编制指南（2002）[M]. 北京：中国
财政经济出版社，2002.

[3] 财政部预算司. 中央部门预算编制指南（2007）[M]. 北京：中国
财政经济出版社，2006.

[4] 财政部预算司. 中央部门预算编制指南（2008）[M]. 北京：中国
财政经济出版社，2007.

[5] 财政部会计司. 欧洲政府会计与预算改革 [M]. 大连：东北财经大
学出版社，2005.

[6] 蔡定剑. 中国人民代表大会制度 [M]. 法律出版社，2003.

[7] 风笑天. 社会学研究方法 [M]. 北京：中国人民大学出版社，2001.

[8] 高志立. 财政预算管理 [M]. 北京：经济科学出版社，2006.

[9] 苟燕楠. 公共预算决策：现代观点 [M]. 中国财政经济出版
社，2004.

[10] 黄佩华. 中国：国家发展与地方财政 [M]. 北京：中信出版
社，2003.

[11] 何金发. 美国地方政府预算范本·弗吉尼亚州预算法案 [M]. 南
京：东南大学出版社，2003.

[12] 黄有光. 效率、公平与公共政策——扩大公共支出势在必行 [M].
社会科学文献出版社，2003.

[13] 洪振快. 亚财政——非正式财政和中国历史博弈 [M]. 新星出版
社，2009.

[14] 经济合作与发展组织. 比较预算 [M]. 人民出版社，2001.

[15] 楼继伟. 政府预算与会计的未来 [M]. 北京：中国财政经济出版
社，2001.

[16] 刘明慧，包丽萍. 政府预算管理 [M]. 北京：经济科学出版
社，2004.

[17] 刘守刚. 国家成长的财政逻辑——近现代中国财政转型与政治发展
[M]. 天津人民出版社，2009.

[18] 刘剑文. 民主视野下的财政法治 [M]. 北京大学出版社，2006.

[19] 吕炜. 我们离公共财政有多远 [M]. 经济科学出版社，2005.

[20] 李凡. 温岭试验与中国地方政府公共预算改革. 知识产权出版

社，2009.

[21] 李萍，刘尚希. 部门预算改革理论与实践 [M]. 北京：中国财政经济出版社，2003.

[22] 马蔡琛. 政府预算 [M]. 大连：东北财经大学出版社，2007.

[23] 马骏. 中国公共预算改革：理性化与民主化 [M]. 北京：中央编译出版社，2005.

[24] 马骏，李黎明. 为人民看好"钱袋子" [M]. 哈尔滨：黑龙江人民出版社，2010.

[25] 马骏，刘亚平. 美国进步时代的政府改革及其对中国的启示 [M]. 上海：格致出版社，2010.

[26] 马骏. 国家治理与公共预算 [M]. 中国财政经济出版社，2007.

[27] 彭健. 政府预算理论演进与制度创新 [M]. 中国财政经济出版社，2006.

[28] [美] 沙安文等. 政府间财政关系国际经验评述 [M]. 北京：人民出版社，2006.

[29] 上海财经大学公共政策研究中心. 2009 中国财政透明度报告 [M]. 上海财经大学出版社，2009.

[30] 审计署行政事业审计司. 部门预算执行审计指南 [M]. 北京：中国时代经济出版社，2007.

[31] 王绍光. 美国进步时代启示 [M]. 北京：中国财政经济出版社，2002.

[32] 王秀芝. 部门预算制度研究 [M]. 北京：经济科学出版社，2008.

[33] 王雍君，张拥军. 政府施政与预算改革 [M]. 北京：经济科学出版社，2006.

[34] 王永礼，预算法律制度论 [M]. 北京：中国民主法制出版社，2005.

[35] 王加林. 河北省预算管理改革 [M]. 北京：中国财政经济出版社，2000.

[36] 王加林. 河北预算管理制度体系 [M]. 北京：中国财政经济出版社，2002.

[37] 张亲培. 公共财政的政治学分析 [M]. 吉林：吉林人民出版社，2004.

［38］张鑫. 公共财政论纲［M］. 经济科学出版社，2004.

［39］中国社会科学院财政与贸易经济研究所. 为中国公共财政建设勾画"路线图"：重要战略机遇期的公共财政建设［M］. 中国财政经济出版社，2007.

［40］中国社会科学院财政与贸易经济研究所. 人大代表政府预算知识［M］. 北京：中国民主法制出版社，2008.

［41］中国发展研究基金会. 公共预算读本［M］. 北京：中国发展出版社，2008.

［42］中国社会科学院财政与贸易经济研究所. 人大代表政府预算知识［M］. 北京：中国民主法制出版社，2008.

［43］［美］雪莉·琳内·汤姆金. 透视美国管理与预算局［M］. 苟燕楠译. 上海：上海财经大学出版社，2009.

［44］［美］爱伦·鲁宾. 公共预算中的政治：收入与支出，借贷与平衡（第四版）［M］. 叶娟丽，马骏译. 中国人民大学出版社，2002.

［45］［美］阿伦·威尔达夫斯基，内奥米·凯顿，预算过程中的新政治学［M］. 邓淑莲，魏陆译. 上海：上海财经大学出版社，2006.

［46］［美］约翰·L·米克塞尔，公共财政管理：分析与应用［M］. 白彦锋，马蔡琛. 北京：中国人民大学出版社，2005.

［47］［美］阿尔伯特·C. 海迪. 公共预算经典——现代预算之路［M］. 苟燕楠，董静译. 上海：上海财经大学出版社，2006.

［48］［美］罗伊·T. 梅耶斯. 公共预算经典——面向绩效预算的新发展［M］. 苟燕楠，董静译. 上海：上海财经大学出版社，2006.

［49］［美］罗伯特·D. 李，罗纳德·约翰逊，公共预算系统［M］. 曹峰，幕玲，张玉坤译. 北京：清华大学出版社，2003.

［50］［美］阿曼·卡恩，W. 巴特利·希尔德雷思. 公共部门预算理论［M］. 韦曙林译，格致出版社，2010

［51］［美］威廉姆·A·尼斯坎南著，官僚制与公共经济学［M］. 王浦劬译. 北京：中国青年出版社，2004.

［52］［美］艾伦·希克：现代公共支出管理方法［M］. 王卫星译. 北京：经济管理出版社，2000.

［53］［美］阿曼·卡恩、巴特利·希尔德雷恩. 公共部门财政管理理论［M］. 孙开译. 格致出版社，2009.

[54] ［美］阿伦·威尔达夫斯基. 预算：比较理论［M］. 苟燕楠译. 上海：上海财经出版社，2009.

[55] ［美］布坎南. 民主财政论［M］. 穆怀朋译. 北京：商务印书馆，2002.

[56] ［美］布坎南、马斯格雷夫. 公共财政与公共选择——择两种截然不同的国家观［M］. 类承曜译，中国财经出版社，2000.

[57] ［美］布坎南、瓦格纳. 赤字中的民主［M］. 刘廷安、罗光，译. 北京经济学院出版社，1988.

[58] ［美］杰克·瑞宾、托马斯·林奇. 国家预算和财政管理［M］. 北京：中国财政经济出版社，1989.

[59] ［美］Roberts, John.. 公共支出管理：案例与比较［M］. 许安拓，译. 北京：中国市场出版社，2007.

[60] 冯素坤. 中国非常规预算调整问题探析［D］. 吉林大学2006级硕士学位论文，2008.

[61] 李征. 我国政府会计引入权责发生制的应用研究［D］. 西南财经大学2004级MPAcc硕士学位论文，2007.

[62] 王芳. 政府审计质量的影响因素研究——基于需求方与供给方视角的分析［D］. 复旦大学会计学院博士学位论文，2009.

[63] 赵阅. 政府财政预算议会监督制度研究［D］. 黑龙江大学法学院宪法学与行政法学专业硕士学位论文，2009.

[64] 张洁. 人大常委会预算执行监督研究［D］. 上海交通大学MPA学位论文，2007.

[65] 陈桂华. 论公共财政下的部门预算改革［J］. 经济论坛，2004（6）.

[66] 陈良忠. 政府会计核算基础变革的国际趋势及借鉴［J］. 财务会计（A会计），2004（3）.

[67] 杜见良. 为"实行预算追加听证制"叫好［J］. 湖北审计，2000（10）.

[68] 范自力. 地方政府大量调整年初预算行为亟待规范［J］. 人大建设，2009（1）.

[69] 福建省人大财经委预算审查监督处. 预算执行变更有哪些情形［J］. 人民政坛，2005（5）.

[70] 何志浩. 重庆市实行预算追加听证制度述评［J］. 黑龙江对外经

贸, 2009 (6).

[71] 郝振平. 政府预算执行审计的目标分析 [J]. 审计研究, 2009 (2).

[72] 胡伟. 在经验与规范之间: 合法性理论的二元取向及意义 [J]. 学术月刊, 1999 (12).

[73] 靳志玲. 关于预算的法律监督问题 [J]. 经济论坛, 2003 (9).

[74] 凌岚, 李英. 论公共预算制度安排的优化模式 [J]. 现代财经, 2005 (2).

[75] 李强. 采用修正的权责发生制: 改进我国总预算会计核算基础的思考 [J]. 教育财会研究, 2010.

[76] 李联合. 对西方国家审计独立性的思考 [J]. 中国审计, 2001 (9).

[77] 李诚, 王瑞贺, 刘永平. 关于预算调整的几个问题 [J]. 人大工作通讯, 1998 (2).

[78] 卢洪福, 苏晓丹, 刘志毅. 预算调整审批怎能 "追认" [J]. 人大建设, 2007 (12).

[79] 梁皓璇. 完善公共财政预算管理的对策思考 [J]. 财经界, 2009 (6).

[80] 罗春梅. 关于预算调整的理论思考 [J]. 中央财经大学学报, 2004 (2).

[81] 刘剑文, 熊伟. 中国预算法的发展与完善刍议 [J]. 行政法学研究, 2001 (4).

[82] 马骏, 刘亚平. 中国公共行政学的 "身份危机" [J]. 中国人民大学学报, 2007 (4).

[83] 马骏. 实现政治问责的三条道路 [J]. 中国社会科学, 2010 (5).

[84] 马骏, 牛美丽. 重构中国公共预算体制: 权力与关系 [J]. 中国发展观察, 2007 (2).

[85] 马骏, 於莉. 中国的核心预算机构——以中部某省为例 [J]. 华中师范大学学报, 2007 (3).

[86] 马骏. 中国公共预算改革的目标选择: 近期目标与远期目标 [J]. 中央财经大学, 2005 (10).

[87] 马骏, 赵早早. 中国预算改革的目标选择 [J]. 华中师范大学学报, 2005 (5).

[88] 马海涛, 程岚. 强化预算过程中立法机构的作用 [J]. 经济研究参

考，2009（15）.

[89] 牛美丽. 美国公共预算改革：在实践中追求预算理性 [J]. 武汉大学学报，2003（11）.

[90] 牛美丽. 预算民主恳谈：民主治理的挑战与机遇——新河镇预算民主恳谈案例研究 [J]. 华中师范大学学报（人文社会科学版），2007（1）.

[91] 田学举. 浅议政府机关预算调整审议 [J]. 中州审计，1998（4）.

[92] 王秀芝. 人大对政府预算监督的五大问题 [J]. 财政监督，2009（4）.

[93] 王德祥，黄萍. 美国新绩效预算改革及其对我国公共财政建设的启示 [J]. 科技进步与对策，2004（12）.

[94] 许德清. 人大对政府基金和预算外资金加强监督的几点思考 [J]. 人大研究，2008（1）.

[95] 徐德田. 浅谈政府会计改革——权责发生制 [J]. 改革与开放，2007（2）.

[96] 徐亚沁. 浅析我国宏观调控中的预算调整 [J]. 经营管理者，2009（14）.

[97] 席斯. 财税改革亟待预算法出台，修订稿或 12 月审议 [EB/OL]. [2010–11–12]. http：//news. hexun. com.

[98] 徐曙娜. 谈《预算法（修订草案）》中"预算调整"的相关规定 [J]. 上海财经大学学报，2008（3）.

[99] 徐曙娜. 论立法机构对预算执行过程与结果的监督 [J]. 人大研究，2007（11）.

[100] 徐永胜，吴雄. 我国现行预算法存在的问题及修订建议 [J]. 财政研究，2009（5）.

[101] 邢会强，程序视角下的预算法——兼论《中华人民共和国预算法》之修订 [J] 法商研究，2004（5）.

[102] 熊伟. 预算执行制度改革与中国预算法的完善 [J]. 法学评论，2000（4）.

[103] 俞光远. 关于修订完善预算法的主要看法和建议 [J]. 人大研究，2006（10）.

[104] 杨树琪. 对《预算法》运行中几个问题的思考 [J]. 云南财贸学

院学报，2003（12）.

［105］杨德润. 地方人大预算执行监督——制度的建构与完善［D］. 吉林大学宪法与行政法学硕士论文，2006.

［106］闫绿松. 预算变更和预算调整审批监督问题探析［J］. 新疆人大（汉文），2009（11）.

［107］闫革，李文良. 西方国家政府审计与完善我国政府审计制度［J］. 国际关系学院学报，2005（1）.

［108］颜昌武. 公共行政学中的规范研究［J］. 公共行政评论，2009（1）.

［109］於莉，刘罡. 从官僚预算最大化到官僚塑造模型：公共预算理论中的理性选择［J］. 江西行政学院学报，2006，8（4）.

［110］张亲培，冯素坤. 中国压力型预算调整研究［J］. 学术界，2010（5）.

［111］周海燕. 公共预算启动中国乡镇人大的制度改革——以温岭新河人大预算民主恳谈为例［J］. 公共管理学报，2007（3）.

［112］周雪光. 逆向软预算约束：一个政府行为的组织分析［J］. 中国社会科学，2005（2）.

［113］詹静涛. 预算执行管理理念和运行机制的根本性变革［EB/OL］. ［2011-04-07］. http：//www. mof. gov. cn.

［114］［美］阿伦·威尔达夫斯基，布莱登·斯瓦德洛. 预算与治理［M］. 苟燕楠译. 上海：上海财经出版社，2010.

［115］章伟. 预算、权力与民主：美国预算史中的权力结构变迁［D］. 上海：复旦大学博士学位论文，2005.

［116］段海州. 论权责发生制在我国政府会计中的运用［D］. 北京：首都经济贸易大学会计学院硕士学位论文，2005.

三、英文文献

［1］Adel. Abu Tuha. Administrative Discretion in Budget Execution：The Case of Georgia［D］. phd diss. Georgia State University，1979.

［2］Alesina. A. and Drazen A. Why are Stabilizations Delayed？［J］.

American Economic Review, 1991, 81 (5).

[3] Anessi-Pessina Eugenio, Mariafrancesca Sicilia. Rebudgeting in Italian Municipalities: Magnitude and Drivers [C]. Transatlantic Dialogue on "Rethinking Financial Management in the Public Sector" organised in collaboration with EGPA and ASP, 2010.

[4] Anessi-Pessina E. and Steccolini I. Effects of Budgetary and Accruals Accounting Coexistence: Evidence from Italian Local Governments [J]. *Financial Accountability & Management*, 2007, 23 (2).

[5] Axelrod, Donald. *Budgeting for modern government* [M]. New York: St. Martin's Press, 1988.

[6] Andrews, Matthew & Anwer Shah. *Toward citizen-centered local-level budgets in developing countries* [M]. Anwer Shah. Eds. Public Expenditure Analysis. Washington D. C.: The World Bank, 2005.

[7] Bartle, John & Jun Ma. *Managing financial transactions efficiently* [M]. Aman Khan & W. Bartley Hildreth. Eds. Financial Management Theory in the Public Sector. Westport, CT: Greenwood Publishing Group Inc, 2004.

[8] Box. R. *Making a Difference: Progressive Values in Public Administration* [M]. NY: M. E. Sharpe, 2008.

[9] Brender A. and Drazen A. Political budget cycles in new versus established democracies [J]. *Journal of Monetary Economics*, 2005, 52 (7).

[10] Campbell, Colin & Ronald Naulls. *The limits of the budget-maximizing theory: Some evidences from officials' views of their roles and careers* [M]. Andre Blais & Stephane Dion. Eds. The Budget-Maximizing Bureaucrats: Appraisals and Evidences. Pittsburgh: University of Pittsburgh Press, 1991.

[11] Caiden, Nomi. A new perspective on budgetary reform [J]. *Australia Journal of Public Adminnistration*, 1989, 48 (1).

[12] Cowart, Andrew, Tore Hansen & Karl-Erik Brofoss. Budgetary strategies and success at multiple decision levels in the Norwegian urban setting [J]. *American Political Science Review*, 1975.

［13］ Draper, F. & B. T. Pitsvada. Limitations in federal budget execution ［J］. *Government Accountants Journal*, 1981, 30 （3）.

［14］ Dunlevy, P. *Democracy, bureaucracy and public choice* ［M］. New York: Prentice Hall, 1991.

［15］ Forrester, John P.. TheRebudgeting Process in State Gov-ernment: The Case of Missouri ［J］. *American Review of Public Administration*, 1993, 23 （2）.

［16］ Forrester, John P. and Daniel R. Mullins. Rebudgeting: The Serial Nature of Municipal Budgetary Processes ［J］. *Public AdministrationR eview*, 1992, 52 （5）.

［17］ Fennor. F. *The Power of the Purse: Appropriations Politics in Congress* ［M］. Boston, Brown Little, 1996.

［18］ Frederick A. Cleveland. Evolution of Budget Idea in the U nited States ［J］. *Annals of the American Academy of Political and Social Science*, 1915, 62 （11）.

［19］ Goldman, Frances & E. Brasheres. Performance and accountability: Budget reform in New Zealand ［J］. *Public Budgeting & Finance*, 1991, 11 （4）.

［20］ Hackbart, Merl & James Ramsey. Managing public resources: Budget execution ［J］. *Journal of Public Budgeting, Accounting, & Financial Management*, 1999, 11 （2）.

［21］ Hale, George E. and Scott R. Douglas. The Politics of Budget Execution: Financial Manipulation in State and Lo-cal Government ［J］. *A dministrationa nd Society*. 1977.9 （3）.

［22］ Hay D. white. On the Growth of Knowledge in Public Administration ［J］. *Public Administration Review* , 1986 （1）.

［23］ Hoskins, RonaldB. Within-Year Appropriations Changes in Georgia State Government: TheImplications for Budget Theory ［D］. phd diss, University of Georgia, 1983.

［24］ Institute of Internal Auditors. International Professional Practices Framework （IPPF） —NEW IN 2009 ［EB/OL］. ［2011-04-08］. http: //www. theiia. org/guidance/standards-and-guidance/.

[25] Jonathan B. Justice. *Budgets and accountability* [M]. Jack Rabin. Eds. Encyclopedia of Public Administration and Public Policy . New York: Marcel Dekker, Inc, 2003.

[26] Jones, Laurence. R. & Fred Thompson. Reform of budget execution control [J]. *Public Budgeting and Finance*, 1986, 6 (1).

[27] Klase, KennethA., Michael John Dougherty, and Soo Geun Song. Exploring Within-Year Budget Adjustments in Small to Medium-Sized Cities in West Virginia [J]. *Public Budgeting, Accounting and Financial Management*, 2001, 13 (2).

[28] Lee T. M. and Plummmer E. Budget Adjustments in Response to Spending Variances: Evidence of Ratcheting of Local Government Expenditures [J]. *Journal of Management Accounting Research*, 2007, 19.

[29] Lora E. and Olivera M. What Makes Reforms Likely: Political Economy Determinants of Reforms in Latin America, Journal of Applied Economics, 2004, 7 (1).

[30] Lauth, Thomas P. Mid-Year Appropriations in Georgia: Allocating the "Surplus" [J]. *International Journal of Public Administration*, 1988, 11 (5).

[31] Lienert, Ian & Moo-Kyung. The legal framework for budget system [J]. *OECD Journal of Budgeting*, 2004, 4 (3).

[32] Lord, Guy. *The French budgetary process* [M]. Berkeley: University of California Press, 1973.

[33] Mandell, Lee M. Budget Adjustments and Shifting Rev-enue Sources in North Carolina Municipalities. Paper pre-sented at the National Conference of the American Society for Public Administration, 1998 (5).

[34] Michael John Dougherty, Kenneth A. Klase. Managerial Necessity and the Art of Creating Surpluses: The Budget-Execution Process in West Virginia Cities [J]. *Public Administration Review*, 2003, 63 (4).

[35] Mikesell, John. *Fiscal administration* [M]. New York: Hartcout Brace College Publishers, 1999.

[36] Pitsvada, B. Flexibility in Federal budget execution [J]. *Public Budge-*

ting & Finance, 1983, 3 (3).

[37] Poister, Theodore & Gregory Streib. Management tools in municipal government: Trends over the past decade [J]. *Public Administration Review*, 1989, 49 (3).

[38] Poterba, James M. & Jorgen von Hagen. Eds. *Fiscal institution and fiscal performance* [M]. Chicago: University of Chicago Press, 1999.

[39] Potter, Barry H. & Jack Diamond. *Guidelines for public expenditure management* [M]. Washington, D. C.: IMF, 1999.

[40] Premchand, A. *Government budgeting and expenditure controls: Theory and practice* [M]. Washington, D. C.: IMF Publishers, 1983.

[41] Premchand, A. *Public expenditure management* [M]. Washington D. C.: IMF Publisher, 1993.

[42] Premchand, A. *A cross-national analysis of financial management practices* [M]. Thomas Rabin, Jack, W. Bartley Hildreth & Gerald J. Miller. Budgeting: Formulation and execution. Athens: Carl Vinson Institute of Government, The University of Georgia, 1996.

[43] Premchand, A. *Public financial accountability* [M]. Salvatore Schiavo-Campo. Governance, Corruption and Public Financial Management. Asian Development Bank, 1999.

[44] Premchand, A. *Control of public money: The fiscal machinery in developing countries* [M]. New York: Oxford University Press, 2000.

[45] Pitsvada B. T. Flexibility in Federal Budget Execution. Public Budgeting &Finance, 1983, 3 (2).

[46] Premchand, A. Public financial accountability [J]. *Asian Review of Public Administration*, 1999, 11 (2).

[47] Persson T. and TabelliniG. Constitutional Rules and Fiscal Policy Outcomes [J]. *American Economic Review*, 2004, 94 (1).

[48] Putnam R. D., Leonardi R. and Nanetti R. *Making Democracy Work* [M]. Princeton, Princeton University Press, 1993.

[49] McCaffery, Jerry & John E. Mutty. The hidden process of budgeting: Execution [J]. *Journal of Public Budgeting, Accounting & Financial Managemet*, 1999, 11 (2).

［50］ Migue, Jean Luc & Belanger, Gerard. Towards a general theory of managerial discretion ［J］. *Public Choice*, 1974 (17).

［51］ Mierau J., Jong-A-Pin R. and Dehaan J. Do political variables affect fiscal policy adjustment decisions? ［J］. *New empirical evidence, Public Choice*, 2007, 133 (3).

［52］ Mink J. and Dehaan J. Are there political budget cycles in the euro area? ［J］. *European Union Politics*, 2006 (7).

［53］ Mulas-Granados C. The Political and Economic Determinants of Budgetary Consolidation in Europe ［J］. *European Political Economy Review*, 2003, 1 (1).

［54］ Nasi G. and Steccolini I. Implementation of Accounting Reforms: An Empirical Investigation into Italian Local Governments ［J］, *Public Management Review*, 2008, 10 (2).

［55］ Robert A. *wallace, Congressional Control of Federal Spending* ［M］. Detroit: Wayne Srate University Press, 1960: 65.

［56］ Rubin, Irene. Aaron Wildavsky and the demise of incrementalism ［J］. *Public Administration Review*, 1989 (49).

［57］ Rubin I. *Budget Theory and Budget Practice: How Good the Fit?* ［M］. Chatham, NJ, Chatham House Publishers, 1990.

［58］ Rubin I. The State of State Budget Research ［J］. *Public Budgeting & Finance*, 2005 (25).

［59］ Schick, Allen. System politics and system budgeting ［J］. *Public Administration Review*, 1969 (29).

［60］ Schick, Allen. Incremental budegting in a decremental age ［J］. *Policy Science*, 1983 (16).

［61］ Schick Allen. Why most developing countries should not try New Zealand reforms? ［J］. *World Bank Research Observer*, 1998, 13 (1).

［62］ Schick, Allen. The role of fiscal rules in budgeting ［J］. *OECD Journal of Budgeting*, 2003, 3 (3).

［63］ Schick Allen. *A Contemporary Approach to Public Expenditure Management* ［M］. World Bank: Washington, DC, 1998.

［64］ Schick, Allen. *Budgeting as an administrative process* ［M］. Allen

Schick. Eds. Perspectives on Budgeting. Washington, D. C.: The American Society for Public Administration, 1987.

[65] Schick, Allen. Budgeting for results: Recent development in five industrialized countries [J]. *Public Administration Review*, 1990, 50 (11).

[66] Schick, Allen. From old politics to budgeting to the new [J]. *Public Budgeting & Finance*, 1994 (14).

[67] Schick, Allen. The changing role of the centralbudget office [J]. *OECD Journal of Budgeting*, 2001 (1).

[68] Schick, Allen. Does budgeting have a future? [J]. *OECD Journal On Budgeting*, 2002, 2 (2).

[69] Schick, Allen. *Budgeting for fiscal risk* [M]. Hana Polackova Brixi & Allen Schick. Eds. Government at Risk: Contingent Liabilities and Fiscal Risk. The World Bank, 2002.

[70] Sharkansky, Ira. *Spending in the American states* [M]. Chicago: Rand McNally, 1968.

[71] Smith, Robert & Mark Bertozzi. Principals and agents: An explanatory model for Public budegting [J]. *Journal of Public Budgeting, Accounting & Financial Management* 1998, 10 (3).

[72] Shi M. and Svensson J. Political budget cycles: Do they differ across countries and why? [J]. *Journal of Public Economics*, 2006, 90 (8).

[73] Tavares J. Does right or left matter? Cabinets, credibility and fiscal adjustments [J]. *Journal of Public Economics*, 2004, 88 (12).

[74] Thurmaier, Kurt & K. Willoughby. *Policy and politics in state budgeting* [M]. New York: M. E. Sharpe, 2001.

[75] Tomkin, Shelly Lynne. *Inside OMB Politics and Process in the President's Budget Office* [M]. Armonk, NY: M. E. Sharpe, 1998.

[76] W. F. Willoughby. *The Movement for Budgetary Reform in the States* [M]. New Yo rk: D. Appleton and Company for the Institute for Government Research, 1918.

[77] Waldo, D wight. *The Administrative State: A Study of the Political Theory of American Public Administration* [M]. New York: Holmes & Meier, 1984.

[78] Thurmier, Kurt. Decisive decision making in the executive budget process: Analyzing the political and economic propensities of central budegt bureau analysts [J]. *Public Administration Review*, 1993, 55 (5).

[79] Wildavsky, Aaron. Recuing policy analysis [J]. *Public Administration Review*, 1969, 29 (2).

[80] Wildavsky. Aaron. Policy analysis is what information systems are not [J]. *Accounting, Organization and Society*, 1978, 3 (1).

[81] Wildavsky, Aaron. A budget for all seasons? Why the traditional budgets lasts [J]. *Public Administration Review*, 1978, 38 (6).

[82] Aaron Wildavsky, Naomi Caiden, The New Politics of the Budgetary Process (Fifth Edition) [M], 公共管理学经典教材原版影印丛书. 北京: 北京大学出版社, 2006.

[83] Albert C. Hyde. Government Budgeting Theory, Process, and Politics (Third editoion) [M], 公共管理学经典教材原版影印丛书. 北京: 北京大学出版社, 2007.